寄り添う

銀座「クラブ麻衣子」四十年の証

雨宮由未子
編著

講談社エディトリアル

MAIKO
SINCE
1971

MAIKO
SINCE
1971
2ND
2002

はじめに

平成二十三年三月、「麻衣子」が生まれて四十年という大きな節目を迎えるにあたり、それまでの日々を振り返ってみました。そして、「麻衣子」が今日あるのは、お客さまお一人お一人の温かいご愛顧によるものとの思いを改めて深くしました。その思いが増すにつれ、「『麻衣子』を支え、励まし、育ててくださったお客さまのことを、これを機に何かの形にして残しておきたい、残さねば」という気持ちが募っていきました。

どのような形で残せばよいのか——それが具体的なイメージになる前に東日本大震災が日本を襲い、社会全体が騒然としている中、お店もしばらくお休みすることを余儀なくされたのです。直接被害を受けたわけではありませんでしたが、それゆえに、私たちに何ができるのか、何かできることはないのかと考え、また、日本中が自粛ムードの中、お店をいつスタートしてよいものか、私もスタッフも悩みました。

私たちの仕事は、生きるためにすぐに必要とされる現実の世界のものとは異なり、非日常の世界に属します。日本が直面している悲惨な状況にそぐわないように思えたのです。

それでも、ともかく開店させましたが、私たちの悩みは続きました。そのようなときです。株式会社シーエー・モバイル取締役会長の寺山隆一様からお手紙をいただきました。ご本人のご承諾を得、そのお手紙の一部をご紹介します。

紫陽花の花が六月の梅雨を誘う様に咲いています。

大震災から早三ヶ月が過ぎようとしています。震災直後はよくお店でその先の不安などをママとお話していましたが日本はゆっくりとまた復興の歩みを始めています。

平素は日常の疲れを癒す麻衣子にお世話になり感謝しております。

さて、本日は亡き母上様に「都忘れの花」を花市場より取り寄せお送りいたします。お納め下さい。

銀座で代々育ち銀座を愛する一人として麻衣子というお店はとても大切だとここにきて改めて感じております。何時の世も人は集い、語り、時を奏でます。誰かに会える、そんな期待感が夜を彩ります。日本には社交界という場所がないので日本の紳士達には夜の場所は閉鎖的なクラブしかありません。ただそのクラブの中で信頼できる仲間が共有できる場所は私の場合は麻衣子しか見当たりません。麻衣子という場所に流れる「麻衣子の心」は客とお店と時間と麻衣子ママが醸成した一つのエッセンスです。麻衣子で働く美しき女性たちも大切ですが全体的な成果が一つの「麻衣子の心」を作り上げています。

今度の震災で人々は多くを学びました。形ある物は突然、影も形も無くなり、自然の力の前で人間は無力であります。であればせめて今を精いっぱい生き、今を心豊かに過ごしたいと思います。

人は縁に出会い、縁に生かされます。今宵のささやかな時間を麻衣子で過ごし明日にまた繋げていければ……一献の酒に学ばされます。

この寺山様のお手紙で、このような大変なときでも、私たちに何かできることがあるのではないか、できるかもしれない——ということに気づかされ、一筋の光をいただいたように思えました。

そしてそのとき、「一隅を照らす。これ則ち国宝なり」という教えが、ふと心に浮かびました。天台宗の開祖、最澄が書物に記した言葉です。それぞれの人が自分の置かれた場所で全力を尽くすことによって一隅を照らし、それが社会全体に明るく広がっていく——それこそが国の宝だというのです。

私たちの仕事は、ほんとうにわずかな部分しか照らせていないかもしれません。それでも、それぞれの持ち場で精進すれば、少しでも何かのお役に立てるのではないでしょうか。

もしそうならば、このようなときだからこそ、いつも通りお客さまをお迎えし、くつろぎの楽しいひとときをお過ごしいただいて、明日への活力を取り戻していただくことが大切なのだと思い至ったのです。

心機一転、頑張ろう——そんな力が湧いてきました。

同時に、今日までいろいろな形で銀座を、「麻衣子」を愛し続けてくださった、素敵な方たちがいらっしゃるということをみなさまに知っていただき、その方たちからこれまでいただいたすばらしい励ましのお言葉を何らかの形で残し、みなさまにお届けできたらという強い気持ちが、私の中に生まれてきました。私一人受け止めるだけでは、本当にもったいない、宝石のようなお言葉の数々です。その一言一言に、私は今まで生かされてきたといってもよいでしょう。

このみなさまの「麻衣子」への思い、お言葉を活字にして残すことが、震災前、四十年を迎えようとするときに思ったことに対する答えではないか——こうして、心を新たにしたのを機に形にしたのがこの書です。

四十年間、「麻衣子」を支えてくださったお客さまは、それこそ数え切れません。本書にご寄稿いただいたお客さまはほんの一部の方ですが、これまでのすべてのお客さまの「麻衣子」に対するお気持ちの一端が込められているのではないかと思います。

そのお気持ちを、それぞれの珠玉の文章から読み取っていただければ、本書を編んだ私の無上の喜びです。

雨宮由未子

DES SIGNES D'ORGUEIL
Dans l'immense salon que des cocotiers divisent en trois coins plus intimes, la marque de Paul Morand deux exceptionnelles armoires chinoises provenant du Palais impérial de Pékin. En détail page 166
UN RÊVE DE GRAN

EN GROS PLAN

寄り添う

銀座「クラブ麻衣子」四十年の証

目次

はじめに　3

第一章　「麻衣子」四十年の証

銀座でいちばん長い歴史をつくってほしい……株式会社丸井グループ 名誉会長　青井忠雄　24
勝手な想像を楽しむ……作家　阿刀田高　28
良い店の条件……作家　井沢元彦　32
〝銀座の夕暮れ〟……作家　伊集院静　34
第三の時間と男前の魂……クオンタムリープ株式会社 代表取締役ファウンダー&CEO　出井伸之　38
秘めた誇り……作家　大沢在昌　41
スーパースターではない佇まい……株式会社日美 代表取締役社長　大谷裕巳　45
元気をもらう……奥野総合法律事務所 所長・弁護士　奥野善彦　49
こんなにすばらしい銀座があるのか……伊藤忠食品株式会社 相談役　尾崎弘　52
私の十九番コース……歌舞伎俳優　七代目尾上菊五郎　56
夜の銀座の歌舞伎座……歌舞伎俳優　片岡仁左衛門　60
鶴の恩返し……イマジニア株式会社 代表取締役会長兼CEO　神蔵孝之　62

人の心に残る文化……河北総合病院　理事長　河北博文　66
明日も銀座かな……作家　北方謙三　70
継続こそ成功……北野建設株式会社　代表取締役社長　北野貴裕　74
元気をもらえる一瞬……株式会社北山創造研究所　代表　北山孝雄　78
小学校の同級生から……株式会社銀座木村家　代表取締役社長　木村光比己　81
夜の銀座の双葉山……一橋大学大学院　国際企業戦略研究科　教授　楠木　建　85
「ザ・銀座」銀座のクラブの代名詞……GMOインターネット株式会社　代表取締役会長兼社長・グループ代表　熊谷正寿　89
殿中でござるぞ……漫画家　黒鉄ヒロシ　93
命の輝きを湛えるママとすべてを任せられる係の女性たち……株式会社幻冬舎　代表取締役社長　見城　徹　96
銀座という街と麻衣子……株式会社小松ストアー　代表取締役社長　小坂　敬　101
本物と本質の提供に共感……株式会社コーセー　代表取締役社長　小林一俊　105
人のよろこびを自分のよろこびとする……遠州茶道宗家　十三世家元　小堀宗実　110
麻衣子開店の頃の思い出……東京寝台自動車株式会社　代表取締役社長　近藤龍観　114
魅力あるお客が魅力あるお客を呼び、それぞれが成長する空間……イーソリューションズ株式会社　代表取締役社長　佐々木経世　118
三代で通うのが夢……株式会社トゥモローランド　代表取締役　佐々木啓之　123

『不易流行』の「麻衣子」……サントリーホールディングス株式会社 代表取締役社長 佐治信忠 127
微妙な距離のすばらしさ……セガサミーホールディングス株式会社 代表取締役会長兼社長 里見 治 130
麻衣子揺るがず……株式会社ユナイテッドアローズ 取締役会長 重松 理 134
麻衣子は真のクラブ……株式会社ペリカン石鹸 代表取締役社長 渋井信行 139
余白の美……ホワイトストーンギャラリー・軽井沢ニューアートミュージアム 白石幸生 143
ステータス……スガシタパートナーズ株式会社 代表取締役社長 菅下清廣 147
母が感じた古き良き銀座の香り……日本画家 千住 博 151
麻衣子 四十周年に寄せて……日本カルミック株式会社 代表取締役社長 髙居隆章 155
未来から選ばれる店……オムロン株式会社 名誉会長 立石義雄 160
寛いで学べる社会勉強の場所……株式会社丹下都市建築設計 代表取締役社長 丹下憲孝 163
「らしさ」が心地いい……株式会社ワコールホールディングス 代表取締役社長 塚本能交 167
じわっと浸れる心地よさ……アートディレクター 長友啓典 171
麻衣子の魔力……作家 なかにし礼 176
「いいところに勤めたね」と心からいえる店……歌舞伎俳優 中村勘三郎 182
銀座のクラブは日本の文化……中山隼雄 186
麻衣子が作るコミュニティ……慶應義塾大学 政策・メディア研究科 特別招聘教授 夏野 剛 190

お客さまに寄り添うおもてなしの心……京都女子大学 現代社会学部 准教授 西尾久美子 194
銀座でいちばん大好きな、自分の器が鍛えられる場所……株式会社プラン・ドゥ・シー 代表取締役社長 野田豊加 200
よく頭を下げているなあ……株式会社講談社 代表取締役社長 野間省伸 205
「麻衣子」が実践してきたこと……ヒゲタ醤油株式会社 代表取締役社長 濱口敏行 209
絶対の競争の香り……霞エンパワーメント研究所 代表 早川吉春 212
品性という根をはって咲いた花……歌舞伎俳優 坂東三津五郎 216
中部藤次郎氏と麻衣子、そしてコースターの字……塩水港精糖株式会社 代表取締役会長 久野修慈 221
経営者として忘れられない日をたまたま麻衣子で……株式会社スタートトゥデイ 代表取締役CEO 前澤友作 228
竜宮城……株式会社チッタ エンタテイメント 代表取締役社長 美須孝子 231
したくてできないお祝い……みのもんた 235
「夜桜と月」オリジナルプリントに込めた想い……写真家 宮澤正明 239
一流の心意気……株式会社一休 代表取締役社長 森 正文 244
永遠のレッドカーペット……株式会社やまと 会長 矢嶋孝敏 247
夢二の絵のような……吉川英治記念館 館長 吉川英明 250
麻衣子の迷子……一橋大学 イノベーション研究センター 教授 米倉誠一郎 253
弱さの余韻……森ビル株式会社 特別顧問 渡邊五郎 257

寄り添う

銀座「クラブ麻衣子」四十年の証

第一章 「麻衣子」四十年の証

銀座でいちばん長い歴史をつくってほしい

株式会社丸井グループ 名誉会長
青井忠雄

麻衣子のママ、雨宮さんのメルヘン時代を知っている人は少ないだろう。四十数年前のことである。銀座のメルヘンは石原裕次郎さんなどもよく来ていた小さなバーで、ギターの上手な人がいて、ぼくはよく歌を歌って楽しんでいた。そこに雨宮さんがいた。

ところが、雨宮さんはいつの間にかメルヘンをやめ、どこかに行ってしまった。その後、麻衣子のオーナーママになっているという話は聞いていた。そして、三、四年前から何度か行くことはあったが、昔を知っているぼくがあまり顔を出すのもママに悪いなという気持ちがあり、通うのは控えていた。

それが、麻衣子とともに銀座を代表するクラブとされている店でひいきにしていた女性が、麻衣子で頑張っているので、応援する気持ちで麻衣子の常連となったのである。このとき、雨宮さんと再会したと言っていいだろう。

実に久方ぶりだった。顔は覚えていたが、女性とはこんなに変わるのかと、このときは驚いた。

メルヘン時代の雨宮さんは二十歳前後だったのだろうが、今よりややふっくらとした感じで、それほど目立った存在ではなかった。それが見違えるくらい魅力的な女性に変わっていたのである。上品でしとやかで、趣味もいいのだろう、和服がよく似合う。昔もチャラチャラした人ではなかったが、非常に落ち着いている。雨宮さんがみんなから好かれるのはよくわかる。

彼女がつくりあげた麻衣子は、雰囲気がよく、バーカウンターを含め、分かれたスペースが三つあり、一人で行ったときなどはカウンターでというように、その時々で選べるのがいい。

女性も粒ぞろい。そのためか、ふつうはママが休みだと、お客が少なくなるものなのだが、麻衣子は週一回のママの休みのときも、たくさん来ている。雨宮さんがいい女性を選んでいるのだと思う。彼女にはそういう能力があるのだろう。いい女性をいつも揃えてきたことが、四十年も続けてこられた理由の一つなのだと思う。

お客の層がよく、そのために店の雰囲気がよくなっていることも事実である。

そして、何よりも感心するのは、この不況の中で、そのようなお客でいつも混んでいることだ。うらやましいかぎりである。

銀座は他の街と違って品がある。その銀座のファンとして昔から銀座を見ているぼくには、この頃の銀座は停滞しているように思える。その中で、麻衣子のように繁盛している店は珍しい。多くの店がやめているのが現状なのだ。安くしないともたないのかもしれないが、いい女性を揃えるには、その分、費用がかかるのだから、安くはできない。安かろう、悪かろうというものは、銀座では求められていないのである。かといって、社用で使える人も減っているわけで、銀座はほんとうに厳しい状況にある。銀座ファンとしては大いに心配である。これから日本は高齢化社会が進み、経済が右肩上がりになることは望めないのだから、なおさらである。

作家の渡辺淳一さんも銀座が好きで、銀座の店でよくお会いするが、そのとき、渡辺さんは、昔は作家もたくさん銀座に飲みにきていたのに、最近は会うことが少なくなったとおっしゃっていた。それで二人で、「せめて二人でできるかぎり銀座で飲みましょう」という話をしている。

そんなぼくらのためにも、麻衣子には頑張ってもらわないといけない。メルヘンもやめてしまった。寂しいことである。麻衣子が、これまでのように店の質を維持して続けること。これが、これまで通ってきたお客への何よりの孝行となる。

四十年もやってきたのだから、雨宮さんには、銀座でいちばんの質を守って、これからさき、十年も二十年も続けてほしい。そして、銀座のクラブでいちばん長い歴史をつくるようにしてもらいたいのである。それが彼女の金字塔になる。

勝手な想像を楽しむ

作家
阿刀田高

泰明小学校の前を抜けて路地に入る。もちろん反対方向からでもいい。細い階段をおりると、黒服組が、

「いらっしゃいませ」

忙しさを殺して丁寧に迎えてくれる。むこうはこっちの顔を知っているが、わたしは相手をほとんど覚えていない。影のような存在……それが黒服の役割なのかもしれない。案内されて席につくと、

「あらーッ、久しぶりねえ」

嬌声が飛んで来て、そう、私の場合は、たいてい〝久しぶり〟なのだ。並いる美女を見まわして、独り、

——今日も頑張ったな——

そう思える日はうれしい。まことにプリミティブな思案ながら私の中には、

――今日頑張ったから、今、ここでこんな美女に囲まれて酒が飲めるのだ――

そう思うところがある。無理にでもそう思う。エクスキューズかもしれない。

「クラブ麻衣子」は四十年間を通して美女の群がる酒場であった。私も四十年間を通しておおむね頑張っただろう。そんなことを考えながら水割りを傾け、

――美女って大変なんだよな――

あらぬことを考えたりする。

ご存じだろうか。美女というのは大変な財産である。世の中はやっぱり美女が好きだから美女であることの経済価値はものすごく大きい。しかし当人はそのことを正確には知らないし、大きな財産をどう使っていいか、よくわからない。過小評価している人もいるし、見当ちがいも多い。

ほかの財産についてはそ入手するまでにいろんなプロセスがあって、そのため財産のなんたるかを知っている。だが美女は二十歳そこそこで急に与えられてしまう。戸惑うのも当然だ。結果、不相応な人生を歩んだりする。トンデモナイことをやらかしたりする。客席ではみんなにこやかに、陽気にふるまっているけれど、ある日あるとき、ゾッとするほど暗い顔で一人ションボリ暮らしていることがあるのではないのか。勝手にそんなことを考

えて一人一人をながめているわけだ。

昔、昔、ある作家がある作家に……いや、いや、具体的に名前をあげたほうがリアリティが増すし、わかりやすいだろう。新田次郎さんが源氏鶏太さんに尋ねたとか。

「銀座の酒場なんて、なにがおもしろいのよ、あんな高い酒を飲んで」

源氏さんが答えていわく、

「みんなお目当てがいるんだよ。それがなければ馬鹿らしくて行けん」

言いえて妙……かもしれない。

確かにお目当てはいるだろうが……いるケースが多いだろうが、銀座の場合はギラギラした欲望とはちがうようなところがある。なにかボンヤリとしたお目当て、それもけっして少なくない。

私の場合はずーっと雨宮由未子さんだった。お目当てと言いながらコーヒー一ぱい誘ったことがないのだから話にもならない。

ただ〝クラブ麻衣子〟へ行く、ママがふんわりと現われる。

――この人、どういう人なのかな――

ずーっと美しい。私は〝美しいことは大変なんだ〟と思うたちだから、いいことばかりは考えない。

――この人にも、当然、辛く厳しいときがあるにちがいない。なのに、どうしてこんなにふんわりしているのだろう――

四十年間ずーっと考えていたような気がする。

一度、町で彼女がいかめしいオートバイに乗っている姿を見たことがある。りっぱなオートバイ、そして黒い装束。黒皮のジャンパーじゃなかったか。

――こういう私生活を持っているんだ――

ますます想像が広がる。そしてさらに思う。

――彼女自身も大変だろうが、大勢の美女を抱えて……それこそ波風の多い人生をたくさん見せられて、大変なんだろうなぁ――

ちょっとした風俗小説を読むような世界がちらばっているだろう。

かくて私はあれこれ勝手に考える。それをさりげなく許容してくれるのが銀座の酒場なのだろう。

それを四十年も続けて、ご苦労さま。お目当てがいなくなったら〝クラブ麻衣子〟の価値は激減する。四十周年というと、小学生のときに開店しても、

――五十歳か――

心身を充分にご自愛くださいね。

良い店の条件

作家
井沢元彦

麻衣子に初めて伺ったのはいつか覚えていません。かなり前であることは確かです。私は大学を出てすぐＴＢＳに八年間勤務しました。その間に江戸川乱歩賞を受賞し作家としてデビューしつつ、テレビマンとして働くという、いわゆる二足のわらじをはいていたわけですが、ドキュメンタリー番組などの制作にもかかわり、いわゆる有名人やタレントとの付き合いも始まりました。

初めて責任を持って作った番組、その番組のナレーターとして出演してもらったタレントさんが、麻衣子に行ってみると客の一人として当たり前の様に飲んでいるのに驚きました。

へーえ、ここはそういう店なんだとなんか自分が一人前の大人になったような気分を感じさせてくれました。

なかなか銀座で品良く飲むのは難しいものですね。

それに店によっては湯水のようにカネを使う、とんでもない客がいるところもあります。後から聞くと会社の金の横領で捕まったとか、そういう人を実際に目にしたこともあります。

当初は人に接待してもらうのが嬉しくて、自腹で飲む方が少なかったのですが、そのうち酒は自分の金で飲むものと悟りました。いや完全にまだ悟ってはいないかな、まあ努力目標であることは事実です。

それから銀座、六本木あたりでいろいろな店をわたり歩きましたが、やはり寿命の短い店というのがあります。ママの人格、店の雰囲気、ホステスさんなどのスタッフの充実度というのが、長続きする店の条件だと今では思いますが、考えてみると三拍子そろった店というのは少ないですね。

麻衣子はそうした数少ない店の一つだと思います。ママもとっても若く見えるし、失礼、若いしあらためて四十周年おめでとうございます。

この上は五十と言わず、百周年を目指して是非がんばっていただきたいと思います。

私はその時は失礼させていただくとは思いますが、あらためて店の繁栄をお祈りしたいと思います。

〝銀座の夕暮れ〟

作家
伊集院静

銀座は叙情の街である。

男も、女も、この街で生きること、働くこと、遊ぶことに誇りを持っている。

銀座は不思議な魅力を持っている。

どこがどういうふうにいいと明解には言えないが、銀座に一歩足を踏み入れた途端、他の街では感じることのできない、ときめきのようなものが湧いてくる。

あのときめきはいったい何なのだろうか?

その答えはわからないが、銀座の街を歩いていると、たしかに胸騒ぎに似たものが自分の身体のどこかにも起き上がっているのを感じる。

夕暮れの、たそがれ時の銀座が好きである。

昼間の喧噪がいっとき沈まり、どこからともなく風が流れ出し、ぽつりぽつりと店々に灯りが点り出す。

そんな時刻、いつもより早く仕事を終えて、この街をそぞろ歩くと、銀座が〝昼の顔〟から〝夜の顔〟にさまがわりしていくのが見える。

大通りの華やかさと路地裏の可憐なたたずまいが、さまざまな灯りの中で交錯して、銀座の夕暮れがはじまる。

誰か人を待つオフィスレディー。

花束を手に路地を歩くバーテンダー。

店の暖簾《のれん》を上げる和服姿の女将。

店前に打ち水をする職人。

カフェーの窓辺で通りを見つめる男女。

四角の空にゆっくり月が昇り出す。ネオンの灯りの中に揺れる柳の木、待ち合わせ場所にむかう軽やかな靴音……、色とりどりに織られたステージの幕が静かに上がっていくように〝銀座の夕暮れ〟ははじまる。まぶしくて、いとおしい瞬間である。

銀座で過ごすようになって長い歳月になる。

この頃ようやくこの街に馴染めはじめたような気がする。さほど銀座は足を踏み入れた人たちにさまざまな時間を与えてくれる。

いろんな男、いろんな女たちを見てきた。

いい男、いい女を見てきた。今夜もどこかでそんな男と女が笑い、ほろ酔い、銀座の時間を愉しんでいる。

懐のおおきな街である。銀座にいるとどこか安堵がある。それでいて油断をしていると、身もこころも取りこまれそうになる。

銀座はいつも新しい。新しい店、新しい女、新しい男がどこからともなく入ってくる。それでも何十年とかわらぬ暖簾を、毎夕上げ、止まり木に羽を休めにくる鳥たちを笑顔で待ってくれる店もある。

銀座六丁目の少し細い〝数寄屋通り〟に〝クラブ麻衣子〟はある。

麻衣子で過ごすようになったのは、まだ若い頃だ。今の店よりちいさな店ではあったが、上品な構えの店だった。

たしかグラフィックデザイナーの長友啓典氏と二人して行ったのが初めての夜だったように思う。

雨宮由未子ママが毎夕、スポーツカーを運転して店に出ていたのだから、店も、ママも、女性たちも、従業員も溌溂《はつらつ》とした時代だった。

店の女性と待ち合わせて行くことも稀にあったが、たいていは仕事終りの九時前後に一人で銀座に出て、同じ通りにある〝おぐ羅〟で美味しいおでんや肴で一杯やってから店に行くことが多かった。少し早く着いた夕暮れは街をそぞろ歩き、今は移転してしまった旭屋書店でしばらく時間を過ごすこともあった。

こうして文章で綴っていると、〝麻衣子〟でともに遊んだり、店で出逢ったさまざまな人の顔が浮かんでくる。懐かしいような、遠い時間のようにも思える。もしかすると、夕暮れから店で過ごした時間は、そのまま私の半生の一部分かもしれない。

思えば遠くに来たものだ、という言葉があるが、思えばこんなに長い歳月、よく通い、よく相手をしてもらったものだと思う。

〝クラブ麻衣子〟は四十周年を迎えたという。

おめでとうと言うよりも、ありがとうと言うほうが、遊び好きの作家には合っているのだろう。

第三の時間と男前の魂

クォンタムリープ株式会社　代表取締役ファウンダー&ＣＥＯ
出井伸之

〝銀座の夜〟は日本独特の〝場〟であり〝文化〟だと思う。若い頃パリの夜を経験したが、あちらの〝割り切った世界〟とは対極にある銀座の夜を、恋しく感じたことを思い出す。銀座の夜は日本文化の遺産と言ってもいい。昔、岩間さん（第四代ソニー社長）のお伴でよく銀座に連れられていた頃は、大人の夜の世界が全く理解できなかった。岩間さんに何が楽しいのかを聞いても、にっこり笑って「君も大人になったら理解出来るよ」、とだけ言われたことが懐かしく思いだされる。男にとって、銀座で過ごす時間は仕事でも単なる遊びでもない、いわば〝第三の時間〟だ。仕事の悩み、自分自身の悩み、成功者として世間から注目されている人も、成功すればするほど身内にも話せない悩みを抱えているものだ。そんな時、銀座の夜は一瞬の安らぎを与えてくれる。時には人生のスランプを脱出させてくれるきっかけを与えてくれる。〝クラブ麻衣子〟はそんな銀座の夜の世界で別格の存在感を放っている。随分久しぶりに顔を出しても、常連の気のおけない仲間が声をかけてくれたりするのは、名門ゴルフ倶楽部に行ったときと同じ感覚だ。麻衣子のママはいつも美しい着物と笑顔につつまれた八面玲瓏な女性だ。皆、彼女に認められたくて通う。不思議にも、その美しい着物の中にはどこか甘えられない凛とした〝何か〟がある。女性の美の化身でありながら、男性以上の〝男前の魂〟を持っていると僕は思う。そして、毎夜「つかの間の祭り」を演出するダンディズムのある妖精は、非常に有能なCEO（チーフ・エンターテイメント・オフィサー）でもあるのだ。

実は僕は麻衣子に忘れられない〝特別な思い出〟がある。ずっと昔、無理を言ってお店のメニューにあるワインを一ケース譲ってもらった。僕は昔からワインリストを見るのが好きなのだが、その中に僕の好きな赤ワインが、信じられないほどリーズナブルな値段で潜んでいるのを見つけた。ちょうどカリフォルニアワインにはまりだした頃で、フランスワインの伝統的な味に近いそのワインだけ、破格の値段でひっそりとリストに載っているのを見て驚愕した。ワイン好きの私にこっそりと宝探しにチャレンジさせてくれた粋な計らいだったのかも知れない。それにしてもなぜ僕の好きなワインがメニューに潜んでいたのだろう。軽井沢のワインセラーに今もあるそのワインを見るたびに、その時の嬉しい気持ちが鮮明に蘇る。

僕は銀座に通いつめる方ではないが、車が麻衣子の前に着いた瞬間、そしてお店から出て車に乗り込む瞬間まで、スタッフの淀みない一連の流れの美しさには毎回感服する。流れと言えば、美しい女性達が席に着き、そして他の席に去っていくのを見るのが好きだ。彼女たちも一瞬一瞬、勝負をしているのが分かる。客の方も刹那的に彼女たちを心の中に包み込み、余韻の残る会話を楽しむ。銀座の夜に流れている第三の時間は、やはりいつも真剣勝負なのだ。だから大人になるとその楽しさを味わえるようになる。そして、その楽しさが分からなかった若かりし頃の自分と岩間さんの言葉が、走馬灯のように頭をよぎる。今、僕は銀座の夜の良さを若い世代に伝えようとしている。僕にとって麻衣子は、上司のお伴で小さくなっていた頃から大人になった今までの、いくつかの〝恋話〟のような思い出がフラッシュバックする宝箱のような愛おしい空間だ。いくつになっても人生の悩みはつきない。麻衣子はこれまで、色々な人の、語りつくせないほど沢山の思いに寄り添って来たに違いない。

四十周年、本当におめでとう、それから、ありがとう。いつまでも変わらぬクラブ麻衣子であり続けてください。一番奥にある特等席―〝ＯＰＥＮで秘めた二人の世界〟で、久しぶりに誰かと飲みたくなってきた。

秘めた誇り

作家
大沢在昌

「麻衣子」を初めて訪れたのがいつだったかは、はっきりと覚えていない。二十年近くは前だと思うが、ひと目見て、「華やかな店だな」と感じたのだけは記憶がある。

銀座には「派手な」店は、いくらでもある。バブルの前も後も、そして私の知る限り、最も銀座に人出が少なくなった現在も、内装やホステスたちのたたずまいが派手な店は、いかなるときも存在する。

その派手さこそが銀座だと信じ、せっせと通い、金をつかう客も多い。

そういう店にはもちろんのこと栄枯盛衰があり、数年の間、ひきもきらぬ客と美女揃いとの評判を轟かせたと思いきや、あるとき閉店したという噂を聞いたりする。

そして閉店したという話に、不思議だが驚きは感じない。

派手にやっていたからな。客がひけるのも早いだろう。

たいして通ったわけでもないのに、何となく得心している私がいる。

女性たちはたくましく、その店が消えてもまたあちこちに散らばって、十数年もたってから、

「センセイ、お久しぶり」

と挨拶されぎょっとしたりする。かつての美女にはそれなりに貫禄が加わり、まるで覚えがない姿にうろたえる私に、

「冷たいのね。忘れちゃったわけ？」

あでやかにも恐しい目を向けてくる。

「麻衣子」は、そういう店とは異なる。

華やかではあるが派手ではなく、それは客の側にもいえることで、派手な店にいがちな、金満ぶりをこれ見よがしにひけらかす人はいない。

おだやかに落ちついて飲む人ばかりだ。そのおだやかさこそが余裕の表れなのだと気づき始めていた私は、二十年近く前、初めて「麻衣子」に足を踏み入れたとき、

「ここは気安くこられる店ではない」

と、はっきり感じた。

勘定の問題ではない。下世話ないいかたをすれば、「麻衣子」より高い店は何軒もある

だろう。銀座だけではなく、六本木にもあるかもしれない。

気安く足を踏み入れるのを拒んでいるのは、店と一体化し、実にくつろぎながらも決して節度を失わない紳士たちなのである。

彼らは決してお高くとまっているわけでも、ＶＩＰ気どりでふんぞりかえっているわけでもない。むしろ童心にかえり、女性たちと楽しげに語らっている。にもかかわらず、他店にあるような、スキを感じさせない。

あえて露骨ないいかたをすれば、「遊び尽した大人」が「少しだけ子供にかえる」店なのだろう。

当時は遊び尽してもおらず（今もだが）、飲めばただの子供になる私は、緊張を感じずに「麻衣子」で飲めるまでは、相当な修行が必要だと感じたことだった。

だからこの二十年、「麻衣子」に足繁く通ったということはない。しかし二十年という時間があればそれなりに訪ねる機会も多く、また同業に「麻衣子」ファンが多いことから、年に何回かはお邪魔している。

久しくあいだが開いたとき、訪ねる側は不安になる。しかし、ママやスタッフが、私の名を呼んで迎えてくれると安心し、そしてつくづく思う。

一流の店とは、まさにこういうところなのだ、と。

四十周年、おめでとうございます。

その、わずか半分の期間とはいえ、ときおり「麻衣子」で過せたことは、作家としての私の秘めた誇りになっている。

そういう店の存在こそが、ときに締切に立ち向かう原動力となっているのだ。

スーパースターではない佇まい

株式会社日美　代表取締役社長
大谷裕巳

初めて麻衣子のシートに座ったのは、今から二十七、八年前、学生時代でした。現在のワコールホールディングスの社長、塚本能交さんに連れていっていただきました。

私の父は、茶道裏千家の三男で、大谷の家に養子に入ったのですが、裏千家と塚本家は、塚本さんのお父様のときから親しいお付き合いをしていて、その関係で、当時から今日まで、塚本さんにかわいがっていただいているのです。

最初の頃は、ママはちょっと怖くて、とても緊張しました。大学を出て、西武百貨店に入ってからも、塚本さんが東京へいらっしゃると、声をかけてくださり、よく、麻衣子に連れて行ってくださいました。その当時、二十歳代で麻衣子で飲んでいるお客さんは少なく、随分と目立っていたと思います。

塚本さんには、私をいろいろな人に紹介してやろうというお気持ちがおそらくあったのだと思います。麻衣子には、大学を出たての私ですら知っている有名企業の社長のみなさんが必ず来られていました。その方たちに、塚本さんは「こいつ大谷といって――」というように紹介してくださいました。

その後、祖父が病で入院し、私が今の会社を継ぐことになり、しばらくはなかなか伺えないときもありましたが、それでも半年もご無沙汰するということはありませんでした。今は、塚本さんなど知り合いの方や学校の友人、先輩や後輩、自分が所属している団体の方、仕事のお客様などと週二回くらいのペースで行っています。そうすると、必ずといっていいほど顔を合わせる方もいらっしゃいます。

私も友達も飲むと盛り上がるほうで、特に若い頃はにぎやかにしていました。今はそのようなことはないのですが、他のお客に迷惑をかけそうなときもあったのでしょう。そんなときは、ママがサッと席に来て、「あら、ひろみさん、ずいぶん楽しそうね」とおっしゃる。どきっとして、ぼくも友達も声を潜めることになります。最近は、後輩も麻衣子でにぎやかに飲んでいるようですから、同じようなことをいわれているのではないでしょうか。

そのママにはとてもお世話になっています。いろいろな団体の幹事や役員をしてきたのですが、その団体の行事などをホテルの宴会場で行うとき、ママにお願いすると、快く引き受けてくださる。また、接待で「大事なお客様だから」と、電話でお願いしておくと、ママが座って接客してくださったりして、そつなく対応してくださるのです。

麻衣子の特徴は、店の女性が銀座らしくないところです。ふつうの女性です。

銀座のクラブは、通常、あの女性はこれくらいのお客を持っているというような情報をもとに、女性をスカウトしているのだと思います。当然麻衣子でも、そのような採用もしているのかもしれませんが、実際にお店にいる女性は、そのようなプロのイメージの女性はほとんどいません。そうではない、ふつうの女性を採用しているのではないかと思います。その結果、麻衣子ならではの雰囲気をつくることができているのでしょう。

今日まで、女性は変わっても、店の雰囲気が変わらない秘訣はそんなところにあるのではないでしょうか?

銀座は変わりました。かつては、この人が席にいればお客は楽しい、接待がラクだという女性や、ただ見ているだけでお客は満足という女性など、プロのホステスが多くいました。今、その割合が減っています。その中で、麻衣子は昔も今も一貫して、ふつうの女性の雰囲気で通してきて、お客も麻衣子にはそれを期待して行く。ある先輩が何年か前に、昔から変わらないのは卵の値段と銀座の値段だとおっしゃっていましたが、それに加えて、麻衣子。ここも四十年、変わっていないのです。

麻衣子はママあっての麻衣子です。だからといって、ママはスーパースターではありません。名物ママというスーパースターがいる店もありますが、麻衣子のママはそうではない。常に、あの静かな佇まいのままです。決して、目立つスターではないのです。しかし、あの佇まいでいらっしゃいませといってくれるだけで、お客はニッコリします。それまで機嫌が悪かった人も、とたんに機嫌がよくなる。そういう人なのです。

ですから、ママには、これからもずっとあの佇まいでいてほしい。われわれお客にとって、それがいちばん大切なことなのです。

元気をもらう

奥野総合法律事務所 所長・弁護士
奥野善彦

世の中が不況のときでも、麻衣子だけは別で、いつも活気に溢れています。ですから、私は、挫折感のある依頼者、意気消沈している依頼者をお連れします。元気になってもらうためです。実際、麻衣子で過ごすことで、みなさん、笑顔を取り戻し、元気になります。

麻衣子は、活力にみちた男性スタッフが喜々として働いています。躾が行き届いて、彼らは常にきびきびとしていて、その様子は実にさまになっています。お連れした人が、女性たちの華やかさに加え、彼らの活力に満ちた応対を見て、「ああ、おれは生きていてよかった」、「こういうお店に来られて今日は幸せだ」、「元気を与えてもらった」と感じる、そういうお店なのです。

これからの世の中を背負って立つような人も麻衣子にお連れしますが、私はその人たちに「こういうところに来られる社会人、経済人にならないといけないですよ」といいます。

そして、麻衣子の活気に触れると、彼らも「よし」という気持ちになる。

要するに、麻衣子は、お客さんがお店に行って、その盛んな有様を見て、自分もあやかりたいと思う――そういう気持ちを醸成してくれるところなのです。人を再生させる、人に元気を与えてもらう、麻衣子はそういう一つの場であるといえます。

私は、麻衣子が開店して数ヵ月ほどしてから利用していますから、古いお客の一人でしょう。

店の様子はいつも華やかで、働いている女性はセンスがあって美しい。あれだけ美しい人を集めている店は、銀座でほかにはないでしょう。

また、麻衣子には清潔感がある。べたべたしたところがないのです。女性とお客さんが手を握り合ったりする光景など見たことがありません。それに、麻衣子で法外な請求をされたなどという話も聞いたことがありませんし、店でお金を余計に使わされているなと感じることもありません。こういうことも清潔感とつながっています。

プライバシーを守るという点もすばらしい。昔、新橋の料亭などに行くと、お客さんを玄関で一緒にさせることは決してしない。時間帯を分けて、送り迎えをするよう心掛けている有様をよく見たものです。

同じような配慮が、麻衣子にはあります。店内はお客さんでいっぱいになっていますが、お客さん同士が必要以上に接触したり、親しくなったりすることのないような雰囲気をつくっています。これはとても大切なことで、だから私たちは安心して過ごせるのです。

そのような空間をつくりあげたのはママですが、そのママは四十年たってもちっとも変わりません。年を感じさせない、いつまでたっても美しい人だなと心から思います。人柄がよく、気配りの人でもあります。みだりにお客さんのことに立ち入ることはなく、実にやすらぐ。麻衣子の清潔感は、ママの人柄からくるのではないかという気がします。

そのママは、お客がいちばん立て込む金曜日を休みにされています。うっかりそれを忘れて金曜日に行ったりすると、「ああそうだ。金曜日だったのだ。会えなくて残念だ」という気持ちになります。だからといって、麻衣子の魅力がなくなるわけではありません。他の女性たちがきちんと役目を果たしています。もちろん、おられればうれしいし、必ず挨拶に来られます。どんな人にも挨拶をなさる。ママはそういう礼儀を知った人です。

麻衣子のお店は、どちらかというと、銀座の中心からちょっとはずれたところにあります。ママがこだわっている立地だと思います。車ですっと店の前まで行き、エレベーターなど乗らずにトントンと階段をおりて入ることができる。それがいいのでしょう。

これからもあのお店で、清潔感に満ちる、活力のあるお店であり続けてほしい。そのために、ママ自身が健康を保って、いつまでも美しい装いを続けてほしいと思います。

こんなにすばらしい銀座があるのか

伊藤忠食品株式会社　相談役
尾崎　弘

麻衣子は銀座でぼくがいちばん好きな店だ。

初めてあの席に座ったのは三十四、五年前だった。伊藤忠商事のサラリーマンだったぼくは、それ以前から先輩のお供でよく銀座に行っていた。最初に夜の銀座に連れていかれたのは入社七、八年の頃だった。それほど立派な店ではなかったが、関西出身のぼくにとっては驚きの世界で、そのうち自分の交際費で来られるように必ずなってやると思った。人の価値観はいろいろで、そんなばかなという人もいらっしゃるだろうが、少なくともぼくはそう思った。そのときの銀座は、今のようにファーストフードやコンビニエンスストアなどなく、ビラを配ったりする人もいない特別な街で、われわれサラリーマンにとって、そこで飲むことは一つの夢だったのだ。

麻衣子に行ったのは、そんな夢を持ってから六、七年たったときだった。

やはり先輩のお供だった。それまで数多くの銀座の店を見てきたが、「こんなすばらしい店があるのか、こんなにすばらしい銀座があるのか」と感動した記憶がある。当時すでに麻衣子は銀座でいちばんのクラブだったのである。そして今も変わらずいちばんである。

ぼくが麻衣子のどこに惹かれるのかというと、なんといってもママだ。チャラチャラお世辞をいわず、商売っ気を出した接客は絶対にしない。お客と食事もしない。こういった接客態度が、他の店のママと一味も二味も違っていて、魅力的なのだ。だから素顔がわからない。いつまでも、どういう人なのだろうと、ベールに包まれている。これがママのいちばんいいところなのかもしれない。

個人的にはママのあの着物姿も大好きである。初めて見たときは、ママも若かったが、その姿は震えるくらいきれいだった。ぼくが、ママにすばらしいなという感情を持った大きな理由はこれだったと思う。その美しさは、もちろん今も変わっていない。

店自体も銀座ではピカ一である。名古屋のクラブの名店、「なつめ」の加瀬文恵さんと親しくしていて、彼女が上京すると、食事をご一緒し、麻衣子にもお連れするのだが、加瀬さんも「流行るだけのことはあるわね」と、麻衣子の実力を認めているほどだ。

特に従業員の、馴染みの客に対する対応は行き届いている。一つ一つの対応から、自分が馴染みの客であるという優越感を得られるのである。それが銀座の麻衣子で飲んだという満足感につながるのかもしれない。

麻衣子の客は、決して女性の色気を目当てに行くのではない。そういう客はほとんどいないと思う。銀座の麻衣子で飲んだという、男のなんともいえない満足感があるのであり、これがあるから、客は長く通い続けるのである。そして、並木通りのような銀座の中心でないところにあっても、客を放さないでいるのだ。

値段も高いというイメージがあるが、銀座のもう一つの有名店、グレもそうだが、それほど高くはない。むしろ良心的だ。ここ五年や十年の店で麻衣子やグレよりも高い店はたくさんある。なんでこんなに高いんだと思わせる店も多いのである。麻衣子は決してそのように思わせない。その内容や満足感を考えると、高くはなく、だからこそ、ぼくたちは長く通い続けるのである。

客は勝手な存在である。その店に行かなければならないという店など基本的にはない。気に入らなかったら行かないし、高いと思ったら行かない。そのような世界で客の心を長くとらえ続け、四十年も栄えてきたということは、ママの魅力と男を満足させる店の魅力のなせることだと思う。

ぼくは銀座に飲みに行くのが好きで、十年ほど前に病を得て四ヵ月ほどご無沙汰したとき以外は、二ヵ月も行かなかったことは一度もなかった。さすがに最近は齢のせいで、以前ほどの熱意はなくなったが、それでもできる限り行きたい。そして、麻衣子にはこれからも続けてもらい、今度は盛大な五十周年パーティをしてほしい。そのとき、ぼくは生きているかどうかわからないが、切にそう願う。

私の十九番コース

歌舞伎俳優
七代目尾上菊五郎

歌舞伎の公演が終わり、風呂で汗を流して、歌舞伎座から近いクラブ麻衣子に行く。カウンターでマスターに「ああ疲れた」と一言。浮世離れした仕事で、しゃべり言葉も歌舞伎の言葉だったのが、そこから現代に戻り、冗談をいいながら軽く雑談をする。そしてボックスに。体を動かし、風呂に入った後なので血流がよく、アルコールが気持ちよく体を巡る。そうすると、フゥッと眠ってしまうことがある。ママもお店の女性もそっとしておいてくれるので、三、四十分もたってしまう。ほんとうに心地よいひととき——そんなお付き合いをして二十年以上がたちました。

ゴルフでいえば、歌舞伎の昼の部の舞台がアウトコース、夜の部の舞台がインコース、そして、十九番コースが麻衣子。私にとって、あのお店はそのような存在です。京都、大阪、名古屋など地方公演が多く、長く東京を離れることがある仕事ですが、そのようなとき、「麻衣子に戻りたい」と思ってしまうのです。

どこがそれほど魅力的なのでしょうか。自分にとって何か思い出に残るエピソードがあったろうかと、振り返ってみても、これだけ長く通わせてもらいながら特にないのです。よくよく考えてみますと、そういうことがないところが、このお店の魅力なのではないでしょうか。

お店の女性も魅力的です。行儀がよく、勉強もしていて、彼女たちから新しい情報を得ることもあります。また、それとなく歌舞伎を観てくれていて、この前観てきましたなどといってくれる。それをひけらかすのではなく、さりげなく、会話に入れてくる。そういうところから話が弾んだりすることもあります。

とにかく、私にいわせれば、麻衣子は非の打ち所がないお店です。ふつう、そのような完璧さが感じられると、会議室のような緊張感がどこかにあらわれるもので、お酒がまずくなるのですが、麻衣子にはそれがなく、和ませてくれる。気取らず、ゆったりとしているうちに時が過ぎていくお店です。心底サービス精神があるからこそ、このようなお店が成り立つのでしょう。

麻衣子は一貫してこのようなお店でした。日本で最高のお店だと思います。

だからこそ、麻衣子に足が向く。一人でブラッと行くこともあれば、歌舞伎の仲間の方と行くこともありますし、プライベートで友達と行き、馬鹿なことをやることもあります。家族と行ってもゆったりと過ごせます。女房も麻衣子ではくつろげるようです。

また、麻衣子は客筋がいい。しかも、新しいお客さんが次々と集まります。たとえば、会長や社長が通っていると、その下の人はなかなか行けないものですが、麻衣子はそのようなことはなく、新しい人も多いのです。

麻衣子は、そういう人を扱うのが上手なのかもしれません、新しいお客さんが次々に来ることで、お店に活気をもたらすことになっています。次の世代のお客さんをうまく育てているということでしょう。

お店の人を育てるのは、それほどむずかしいことではないでしょうが、次のお客さんを育てるというのは大変なことです。

次を育てるというのはどこの世界でも大切で、私も、菊五郎という名前を継がせてもらっていますが、これは自分のものでなく、次の菊五郎をつくるという役目を担っています。ご先祖様から預かっているものなのです。

麻衣子も同様に、次のお客さんをしっかりと育ててきました。だからこそ、これだけ長く繁盛しているのでしょう。

それにはママの力が大きい。そのママは、若いときから少しも変わりません。なんとなく色っぽい顔をして、超美人というわけではないですが、とても聡明で、会話で私たちを和ませてくれます。この魅力は、持って生まれたものなのだろうと、つくづく思います。

そんなママに、大変わがままなことですが、「これからも、私一人を客と思って、大事にしろよ」と、最後にお願いしておきます。

夜の銀座の歌舞伎座

歌舞伎俳優
片岡仁左衛門

『クラブ麻衣子』が四十周年を迎えると聞いて、解っている筈だけど「うん？　四十年……」と一寸考えさせられた。

四十年という事はママは……？　十代で店を持てる訳も無いし、と云う事はおよそ……ママの若さに改めて気が付く。

私が初めて『麻衣子』に寄せてもらったのは、あやふやだけど、三十年近く前の事と思う。それ以来珠にしか行かない私にも歳を重ねている事を感じさせないのは、凄いと思います。お世辞を言っても手加減してくれるようなお店でない事は百も承知ですから、これは私の本音です。

四十年看板を張ってくるという事は、並大抵の努力でなかったと思います。しかし「男もホンマ阿呆やなあ～」と思う時もありますが、「気持ち良く阿呆にしてくれる処」が、私は好きです。女性とお酒の世界、私の席では正直なところ、時には活字に直せば品の無い会話が飛び出す事もありますが、洗練された彼女達を介すると、全くそうは感じさせない。これはとっても大事な事で我々歌舞伎の世界にも通じる事と思います。歌舞伎の狂言の中には卑猥なセリフや、際どい色模様も有ります。しかし、それをお客様に決して〝下品〟とか〝いやらしい〟と受け取られてはいけません。歌舞伎も元は底辺の娯楽から出発しましたが、時代と共に昇華してきてたとえばどんな下品な役を下品に演じてもその底には東京の歌舞伎座をはじめ、檜舞台で演じえる『品』を、大切にしないと「大歌舞伎」と言えないと私は思います。

夜の盛り場も色々なお店があり、皆それぞれに楽しいですが、私にとっての『クラブ麻衣子』は、夜の街の歌舞伎座かな……。

何はともあれ四十周年、本当におめでとうございます。

鶴の恩返し

イマジニア株式会社　代表取締役会長兼ＣＥＯ
神藏孝之

雨宮さんとの出会いからお話ししましょう。

常連のほとんどの方は、雨宮さんと最初に会ったのは麻衣子でということなのでしょうが、ぼくは思わぬところで雨宮さんと知り合いました。二十九歳のときです。ぼくの家族の主治医である水町クリニックの水町重範先生に、人間ドックが終わって、昼食に誘っていただいたとき、たまたま同席していたのが雨宮さんだったのです。雨宮さんは私と同じ時間に水町クリニックで人間ドックを受けていたようです。

そのときは、どのような人なのか詳しくはわからなかったのですが、ただ、すごく素敵な人だなという印象が残りました。

それから一年ほどたって、三十歳で会社を興したばかりの頃、水町先生と食事をした後に連れて行っていただいたのが麻衣子で、そこにいたのが雨宮さんでした。その頃は、銀座のクラブにはあまり行っていませんでしたし、麻衣子というクラブ自体も知りませんでした。当然、麻衣子がどれくらいすごいお店なのかもわかっていませんでした。そのとき雨宮さんから、「以前お会いしましたよね」といわれて、「よく覚えているな」と、感心しました。その後のお付き合いを通じて、雨宮さんのこの記憶力には脱帽するしかありません。たとえば、一年に一度しか行けなかったときがあっても、前回のことを実によく覚えているのです。

このとき以来、まだ若かったぼくを、雨宮さんは客として受け入れてくれました。三十歳を過ぎたばかりで、ベンチャーブームなどなかった頃ですから、麻衣子ではぼくのような若い客は珍しいほうでした。雨宮さんはお姉さんという感じでぼくに接してくれたし、お店の女性は同級生のようなもので、ぼくは営業対象外の友達といった感じだったのかもしれません。だから当時は料金面でも配慮してくれていたのではないかと、想像していま す。ドンペリニヨンにゴールドなどの種類があるというのを教えてもらったのも、ワインのいろいろな種類を知ったのも麻衣子で、でした。

銀座のクラブで最初に行くようになった店がいちばんいい店でよかったと思います。いちばんいいものを知っていれば、そうでないものがよくわかりますから。麻衣子には三十代から四十代前半に特によく通っていましたが、その頃を思い出すと、なつかしい思いがします。

それから、バブルの崩壊、金融不況、ＩＴバブルの崩壊、リーマンショックなど、いろいろなことがありました。その間、麻衣子を見てきました。麻衣子に行っていると、その時代、その時代の好調なビジネス、業種がよくわかります。このように、時期によってお客の栄枯盛衰はあっても、麻衣子はお客が途絶えません。どのようなときでも変わらずに賑わっているというのはすごいことです。

クラブという商売は、時間帯の中で夢を売る商売ですが、基本的に掛売りです。大変な商売なのです。それで四十年も続いているというのは驚異的なことです。雨宮さんが好きで、支持するという固定票がいつの時代でもあるのでしょう。

しかし、この繁栄のいちばんの要因は雨宮さんの力だと思います。

彼女は義理堅く、律儀な人柄であり、記憶力もすばらしいし、何よりも人を見る能力が卓越しています。掛売りの商売ではこれが大切です。この人はこれからどうなるのだろうかということを見る力が雨宮さんにはもともと備わっている。さらに、店でたくさんの人を見ていて、その実証データが雨宮さんの天性の能力に加わり、人に対する卓越した観察眼を発揮していると思うのです。だから、自分自身雨宮さんとお付き合いしてもらっている間は、運は落ちないだろうと思っています。

ぼくは、ある意味で雨宮さんに見出されたようなもの。いろいろ教えてもらいました。たいした当たりクジではなかったと思いますが、そのお返しのつもりもあって、四十歳で上場してから、少しでもお役に立とうと、ぼくに続く次の人を麻衣子に連れていくようにしています。もちろん、だれでもかまわずというのではなく、GMOインターネットの熊谷正寿さんのように、将来性のあるジェントルマンです。彼らは麻衣子によく行ってくれていて、新しい営業の場として麻衣子を活用し、ビジネスを広げていっているようです。そういう意味では、雨宮さんに若干の恩返しはできたかなと思っています。結果的に、「鶴の恩返し」のようなものになっているのです。

麻衣子は、いろいろな人が行き来するプラットホーム。雨宮さんがいる限り、そのプラットホームの賑わいはこれからも変わらないでしょう。

人の心に残る文化

河北総合病院　理事長
河北博文

麻衣子は銀座の一歩引いた一画で四十年を経た。四十年というが、銀座で四十年というのは大変なことである。それだけ長い間、あの場所でわれわれを魅了してきたということは、まぎれもなく一つの文化となっているといってもいいだろう。

私が麻衣子に行くようになったのは三十年近く前からで、まだ三十歳代前半。背伸びをしていた頃だが、それから今日まで、年によって回数の多い少ないはあるが、長い付き合いになった。

バブルの頃はどこの店も景気がよかった。高いお酒が飛ぶように売れて、まったく努力も工夫もない時代だった。バブルがはじけて数年たってからは閑古鳥が鳴いて、銀座もほかの地域も沈下が甚だしかった。さらに霞が関の飲食自粛やリーマンショックが続いた。ところが、麻衣子には常に一定以上のお客が来ていた。そして今、麻衣子が一人勝ちの状態になっている。これは、ママが店のあり方を変えず、筋の通った姿勢を貫いて、麻衣子ならではの一級の雰囲気を守ってきたことによると思う。

なぜわれわれは麻衣子に行くのか。ママが全てである。品のあるお店の雰囲気が一貫していて、社会の時の変化に流されず、女の子はどの店より躾が行き届いている。

行き始めた頃から今日まで変わらない麻衣子の印象は、「品のいいお店」ということである。まず、店のつくりがとてもセンスがいい。桜が咲く頃になれば、桜が店の中に見られるというように季節感があるし、使っている調度品などにしても、いわゆる銀座のクラブという派手な感じはしないで、落ち着いていて、部屋の装飾が居心地が良い。

お店での会話も同様である。ママや女の子と話していても、どこか知的で興味がわく。特にママとは一言二言かわすだけだが、それでも、品を感じる。また、長居はしなくても、ママは必ず席についてくれ、それだけでありがたい。それに従って客層も良く、それが更に店の雰囲気にも反映されている。この点でも麻衣子が圧倒的であろう。

躾がしっかりされている女の子は一層きれいに見えるものだ。その女の子の一人が、クラブのようなところで働くのは抵抗があったが、麻衣子で働いてみると、ただ男性を接客するというのではなく、お客と話をすれば自分も勉強になり、恥ずかしい仕事をしている気持ちはなくなり、自分で納得して働けるようになった、ということを言っていた。

ただお金を稼げればいいとか、楽しければいいとかいうのでないところに働き甲斐を見出して、麻衣子で働き続けていこうというのである。客層がいい麻衣子だからこそ感じられる働き甲斐だろう。これはとてもいいことだと思うし、これが麻衣子の雰囲気にも出ているのである。また、彼女たちはママの人柄にも共感をしているのだと思う。

これらのことが麻衣子という店を形作っていて、それが魅力でわれわれは通うのであり、そしてまた、それが麻衣子の強さでもある。

私は中学三年の時に大学教授に英語を学んだ。最初の授業でｃｌａｓｓｉｃという単語が出てきた。どういう意味かといわれたので、古典と答えると、さらに、なぜ古典かと問われた。結論は、「第一級の」というもともとの意味があって、それでｃｌａｓｓｉｃを古典と訳すことになったということだった。

「第一級の」とはどういうものか。たとえば、紫式部の『源氏物語』。平安時代に生まれたこの作品は、今日まで時代をこえて読み継がれている。しかも、日本だけでなく世界各国で翻訳されているのである。このように、文学にしても、音楽にしても、絵画にしても、時代をこえ、社会や国をこえてその価値が認められるもの、これが第一級のものであり、それがすなわち古典なのだ。

そして、それは文化でもある。では、文化とは何か。人間の精神的な生活の価値の集積、社会価値の集積を文化と定義していいと思う。その中で、『源氏物語』のように、特に時代をこえ、社会をこえて価値となっているものが、第一級の文化であり、古典なのである。

麻衣子はクラブとして第一級であり、まぎれもなく人が集まる価値を持っている。まさに銀座の文化となっているのである。一九九〇年代のことだが、私は仕事で全国の都市に行く機会が多かった。その地域でいちばんの店のママが、麻衣子のことは皆知っていた。もちろん、銀座の最高のクラブとしてである。この頃からすでに地域をこえて知られた存在だったのである。このことからも麻衣子が比類の無い存在であり、銀座の文化の代表であることがわかる。

料亭の文化と違い、銀座のクラブの文化は戦後からのものであり、短い歴史かもしれない。それでも、やはり一つの文化として麻衣子は存在していると私は思っている。

人間も、人間がつくったものも消え去る。一方、精神性の高い一級の文化はいつまでも残る。麻衣子はどうか。

ママがあっての麻衣子だ。将来、ママがやめれば、麻衣子も終わるかもしれない。しかし、そうなっても、「あのときの銀座の文化を代表したのが麻衣子だったな」と、人の心に残る。麻衣子はそういう店である。もちろん、ママにはこれからも素敵であってほしいのはいうまでもない。

明日も銀座かな

作家
北方謙三

マイルス・デービスが来日し、なぜか目黒の小さなホテルでライブをやったことがある。私は苦労してチケットを手に入れ、当日、目黒駅近くの舗道を浮かれて歩いていた。すると、行手のスタンドにむかってウィンカーを出している車がいて、それがジャグワーの十二気筒の、しかもコンバーチブルであった。むっという気分で睨むと、女性が運転しているではないか。そして私は、その女性に手を振られたのである。なんと、麻衣子ママであった。さまになりすぎているその姿を、私は舗道に立ち尽し、茫然と見送った。

マイルスは、歯が痛いとか言って、大した演奏はやらず、私のその日の記憶としては、ジャグワーの方が、はるかに強烈に残ることになった。店で見るママは、いつも高そうな着物で、車の運転というイメージはなかった。それが洋装で、しかも舗道を横切る時に手を振る、あの余裕。もうかなり昔の話であるが、次に店に行った時、僻み半分でママに絡んだことを憶えている。ごめんなさいね、車を降りるべきだったかしら。ママはそう言い、見当はずれだろうと私は思ったが、ほんとうに車と運転が好きなのは、またかなり時が経ってからわかった。ジャグワーを買い替えようと思っているのだけど、適当なのが見つからなくて。店で、ママは私にそう言ってきたのである。十二気筒の次に運転するとしたら、もうアストンマーティンしかない、と私は言った。女が乗りこなせる車ではない、という僻み根性は多分あっただろう。

そのすぐあと、店の前に、淡い上品な色のアストンマーティンが駐められていた。私は車をぐるりと回り、まさか、と思い、笑いながら立っているポーターのしょうちゃんに眼で問いかけた。ママのです、としょうちゃんは得意そうに言った。私が、硬貨でガリッとやりたくなったのは言うまでもないが、しょうちゃんは仕事を放り出し、番人のように車のそばから動かないのだった。

アストンマーティンもさまになりすぎていたが、あの車、正解だったわよ、とママに礼を言われ、複雑な気分になったものだ。

しょうちゃんと言えば、私は店の裏の路地にある、小さなバーによく行っていて、うっかり数寄屋通りに出ると、眼ざとく見つけてはついてくるのだった。言いますからね。素通りしたら、ママに言っちゃいますからね。小声でそう呟きながら、しょうちゃんは付いてくる。それでもなにも言わないのが、彼のいいところであった。その彼も、だいぶ前に若くして病を得、亡くなった。

クラブ『麻衣子』との付き合いは、三十年ちょっとになるのだろうか。調子に乗ってわがままばかり通していると、やわらかな言葉でママにたしなめられる。一日でも一時間でも若い子を俺に付けろ、などと仙崎氏に脅しをかけているのを、ちゃんと聞いているのである。そこそこ、世間では知られた名前なんだから、とも言われた。そこそこは、自分でくっつけたものだが、そういう言葉をつけたくなるほど、店にはそこそこでなく世間に知られた客が多かった。だから、自然体でいようとしても、入る時に気息を整える。服が乱れていないかも、確かめる。どこか、男の道場に入っていくような気分に襲われてしまうのだ。それでも酔いはじめると、傍若無人に大声で喋っている私がいたりする。

店の女の子たちは、私のその日の表情を見て、呼び方を変える。スネけん、イジけん、グレけん。最近では、ブリけんというのが多くなった。ブリッ子のけんちゃん、という意味である。スネたりグレたりできなくなったのは、私も齢を重ねたからだろうか。

居心地がよくて通っているというのは正直な気持だが、それとは別に、なにか不思議な縁のようなものに惹かれている、という気がする時がある。告白していいのかどうかわからないが、ママとの秘密がある。と勿体ぶりたいが、知っている人も多い。ママと私は、同年同月同日に、この世に生を受けた。そういう人に私は会ったことがなく、ヒラリー・クリントンひとりを知るのみである。

毎年、正月が過ぎたころ店へ行くと、ママが私のそばに座る。そして、今年の私たちの運勢はね、と囁くのだ。私たちという言葉が、ほんとうに秘密っぽくて私を心地よく痺れさせ、『麻衣子』の繁盛は俺の繁盛だと、思いこんでしまうのである。

これは、銀座のレトリックなのだろうか。

継続こそ成功

北野建設株式会社 代表取締役社長
北野貴裕

オーナーママの雨宮さんには、初めて行ったときから今日まで弟分のような感じで目をかけていただいてきたと、私は思っています。いろいろなことを指導していただき、社会人として男を磨く上で貴重な時を過ごしてくることができました。

「クラブ麻衣子」との付き合いは、当社の会長であった父・次登の時代からです。私がアメリカから帰ってきて、父に連れられて行ったのが麻衣子さんでした。二十歳代後半でした。それ以前から一時帰国するたび、父は当時の銀座において有名なお店によく連れていってくれました。それらのお店には、財界の大経営者や著名な文化人がいらっしゃる。若輩だった私は、ポツンと隅に座り、父がみなさんとご一緒に談笑している様子を見て、銀座の社交というのはこういうものかと思ったのを、二十年以上経った今も、鮮明に覚えています。

「クラブ麻衣子」は、その中でも大きいお店でしたが、品がいいお店という第一印象でした。それから今日までの間に、父と通った銀座の有名店は少なくなってしまい、麻衣子さんは銀座の社交が残されている貴重なクラブとなっています。

私にとって、仕事上やプライベートのお付き合いのみでなく、お取引先や先輩、友人達と麻衣子さんで過ごす時間は、信頼関係を築いていく上で、大切な「場」であります。

私は、お客様を接待するときや先輩経営者に連れられてということが多いですが、いちばん便利に使わせていただいているのはバーカウンターです。接待でお客様と待ち合わしたときなど、早めに行って待っている間、バーテンダーの五郎さんとゴルフの愚痴話などをして過ごす。それがとても居心地よく感じられます。

女性やスタッフのみなさんの対応もすばらしい。ご一緒する方々はその時々で様々ですが、臨機応変に対応してくれます。ですから、連れの方と話をしていても、けっして邪魔になることはありません。接待の場合でも、こちらが余計な気を遣わなければならないというような心配もいりません。

コッポラの映画に出てきそうなピアノの先生が、また素晴らしい。映画の場面に出てくるような雰囲気をつくりだしている大切な方です。いつの間にか、ゲストの好きな曲が流れていたりして、しかも、嫌味がなく、実に自然な感じで演奏してくれています。また、女性達は知的な方が多く、話題のレベルが高いので、会話が尽きないのも麻衣子のいいところでしょう。みなさん自分に投資しているのだと思います。様々な個性を持っている彼女達が、ゲストを飽きさせない。

麻衣子で忘れられない出来事をひとつ書いておきましょう。ある大企業のトップと著名な文人の方々とご一緒しているとき、世界にたしか五本か六本しかないスコッチのことが話題になりました。もしかしたらここにあるかなと、試しに頼んでみたら、なんと二十分くらいで出てきたのです。これが銀座のすごいところであり、それをすぐに用意してしまう雨宮ママさんの力に皆さんと共に驚きました。

そのような「クラブ麻衣子」を見ていて感心するのは、四十年以上もの間、ゲストの雰囲気が変わらないということです。お店の雰囲気は、お客さんがつくるものです。もちろん、私のように代替わりはしていますが、層というか、お客さんの雰囲気が変わらないのです。

雨宮ママさんが、クラブのあるべき姿を絶えず意識し、確認し続けてこられたからであり、また、それがスタッフや女性達にも浸透しているからだと思います。

雨宮さんのそのような努力には、敬意を表します。父からの教えでもあるのですが、経営の成功は継続していることにあります。継続している経営は、たとえ会社が大きくなっていなくても、成功なのです。大きく稼いでも、打ち上げ花火のようでは成功とはいえないということです。私の見ている麻衣子さんは四十年余も変わらずに繁盛し続けています。これほどの大成功はありません。

継続するということは、絶えず斬新な目を持って、変化する環境の中で努力していかなければなりません。雨宮ママさんはそれを実践されてきました。銀座であれだけの経営者はほかにいないのではないでしょうか。

これからも「クラブ麻衣子」に通いつつ、経営者として男を磨かせていただきたいものです。

元気をもらえる一瞬

株式会社北山創造研究所　代表
北山孝雄

他の人には不必要と思われるものが、私にとっては必要なものだったり、効率の悪い不便なことや一見こんなことは無用だと思うことが、実は生きていくために最も大切なことだったりするものです。

私にとって夜の銀座というのも、そういう不思議なところです。夜の銀座といえば、お酒と女性を満喫するところ。でも僕はお酒も飲まないし、女の人をゲットしたいという強い気持ちもありません。それなのに、毎年欠かさず二〜三回、もう三十年も通っています。家から遠くて、親しい友人もいない、タクシーもなかなかつかまらないし、まして気に入ったお店があるわけでもないのに、どうしてなのかな。

よくよく考えてみれば、それはきっと「クラブ麻衣子」があるからなのです。

この三十年間、ずっと変わらず店にいた女性はママひとり。

きっとお店にではなく、彼女の存在に呼び寄せられているのでしょう。

だからふと思い出したときには、生存確認に行ってしまうのかもしれません。

せっかく久しぶりに店に行っても、ちらっと顔を見たら、お互い生きているんだなぁと安心して、すぐに帰りたくなってしまうのですが。


お酒を飲まない私にとって、クラブという場所は一見不必要なように思われるかもしれません。

でもこの一瞬が、ほっと一息つけて元気がもらえる大切な時間になっているのです。


自分自身にも思うのですが、本当に入っていうのはおもしろいものです。

高いところがいいなと思っていても、住むならやっぱり一階がいいし。

速く走れる車を持っていても、スピードを出すのは嫌いだし。

麻衣子さんの周りには、いろんな生き方をしてきた、いろんな人が、いろんな想いを持って集まってきます。

そこもまたいつまでも変わらないこの店の、そして銀座の文化のおもしろさなのだろうと思います。

小学校の同級生から

株式会社銀座木村家　代表取締役社長
木村光比己

実は私と雨宮さんとは小学校の同級生です。麻衣子の客でママと同級生というのはおそらく私だけでしょうから、まずその頃の思い出から話しましょう。

新宿区の富久小学校で同じクラスだったのは、四年から五年、あるいは五年から六年の二年間だったと思います。小学校を卒業してからは、麻衣子で再会するまで会ったことはありませんでした。それでも、当時の雨宮さんのことはよく覚えています。

小学生の雨宮さんは、活発で勉強ができ、クラスのマドンナ的存在で、とても目立っていました。昭和三十年代前半の頃で、まだ日本がそれほど豊かではなかったのですが、洋服のセンスがよく、おしゃれな子でした。タータン・チェックのスカート姿は今も瞼に焼きついています。おはじきで遊んだりした思い出もあります。器用でうまかった。また、物事をはっきりと言うタイプで、私はよく叱られていました。

それから年月が過ぎ、兄がクラブ麻衣子に行っていて、そこのママが同級生の雨宮さんだということは聞いて知っていました。でも、なんとなく照れくさくて、私自身は行くのを遠慮していたのです。

ところが、東都のれん会という東京の老舗の会があり、そのメンバーの方がよく麻衣子に行かれていて、会合の後、みんなでということで、とうとう店に入ってしまいました。私もそうですが、雨宮さんも照れくさかったようで、私の横には座らなかった。まだ店が小さかった頃のことです。白いという店のイメージがありました。

雨宮さんは、小学時代の雰囲気とちっとも変わっていませんでした。以来ちょくちょく顔を出しています。といっても、雨宮さんと昔話をするわけでもなく、挨拶を交わし、ちょっと話す程度なのですが、店に彼女がいるだけで、なんともいえない安心感があります。

私は銀座そのものに同様の安心感を覚えます。銀座は私の地元とあって、代々お付き合いしているところが多く、信頼関係ができているからでしょうか。飲食などしても、そのような関係ができている店では現金は使いません。互いに信頼を裏切らないという安心感があるのです。だからこそ、無茶なことはできませんし、けちなこともできません。

麻衣子も銀座のそのような店の一つだと、私は思っています。

先代から聞いた話ですが、もともと銀座というのは、今の一丁目から四丁目までで、そこから先は尾張町といい、日本橋、京橋、銀座が仕事場、尾張町が住居という区分けとなっていて、尾張町は飲食店が多かったようです。さらに八丁目のほうに行くと新橋の見番があり、その先が海で汐留。佃煮屋、天ぷら屋などがありました。昔の人は、仕事が終わってから、尾張町あたりで食事をしたり一杯やったりしたのです。

そのため、今も銀座五丁目から先は飲食店が多く、銀座に欠かせない一画となっています。日本の社交場的な役割を担ってきたのですが、その中でも麻衣子は特に内容がしっかりしている店です。中途半端な店は、いくら銀座でも日本の景気が悪くなれば、続けられません。いい店だけが残るのだと思います。麻衣子の四十年はその証です。

店で働く女性も男性もしっかりしていて、楽しませてもらえます。私が小学時代、雨宮さんに叱られたように、ひょっとしたら店の人も厳しく叱られているのかもしれませんが、いずれにしても、銀座に恥じない質を保っています。だからこそ、私たちも安心して行ける。銀座の伝統、イメージを守ってきた銀座の老舗のみなさんが、集ってどこへいこうかというと、必ず出てくるのが麻衣子の名です。銀座の老舗のみなさんにも認められた存在だということであり、まさに「銀座の麻衣子」なのです。

そのママが同級生というのは、ちょっと誇らしい気がしないでもありませんが、私にとって雨宮さんは、麻衣子に行って顔を見れば、「おお、いたか」と安心する、そういう存在です。互いに息災であることを確かめられればいい。

たまには食事でもと思ったりもしますが、たぶん互いに黙って食べているだけという感じになりそうです。だから、麻衣子で会えれば満足です。店にただいてくれればいい。いないと寂しいですから。そして、これまでと同じ雰囲気を保って、「銀座の麻衣子」を長く続けてもらいたい。そんなふうに願っています。

夜の銀座の双葉山

一橋大学大学院 国際企業戦略研究科 教授
楠木 建

「双葉の前に双葉無し、双葉の後に双葉無し」というように、双葉山定次はまさに昭和屈指の大横綱であった。いまだに破られていない六九連勝の記録は年二場所の時代、一九三九年（昭和十四年）に達成されている。驚くべきことに、双葉山は足かけ四年にわたって一度も負けなかったということになる。

若いころには、決め手に欠けるため、土俵に追いつめられることが多かった。足腰の強さを頼りに土俵際ぎりぎりのところで逆転するので、「うっちゃり双葉」と皮肉られた。非力と称されることもあった。有名な決まり手の左上手投げにしても、いかなる相手でもどんな体勢にあっても投げ飛ばしてしまえるほどのものでもなかった。あっという間に相手を土俵の外に運ぶスピードもなかった。それでも双葉山は勝ち続けた。

「双葉山はいつも相手より少しだけ強い」といわれていた。どちらかというと受けて立つ取り口であったので、立ちあい直後は相手が有利にみえる相撲が少なくなかった。しかし相手は次第に双葉山に追いつめられ、土俵を割るか投げ飛ばされてしまう。

ここに双葉山の強さの本質がある。一撃で相手を倒す必殺技や飛び道具はない。その点で、後年の横綱、輪島大士とは対照的だ。輪島は右手の引きが猛烈に強く、強引に相手を仕留める左下手投げは「黄金の左」と称賛された。輪島が「必殺技系」の横綱だとしたら、双葉山はトータリティの横綱である。自分の重心を巧みに移動させ、相手の体勢が自ずと崩れるように仕向ける。勢い込んで攻めてくるまさにそのときに、相手は双葉山の術中に嵌る。取り口や勝負運びも含めたトータルとしての相撲のあり方で双葉山は傑出していた。

だから相手は打つ手がない。必殺技系の力士であれば、その必殺技を封じるのが勝負のカギとなることは素人でもわかる。双葉山が勝ち続けた間、あらゆる力士が双葉山の取り口を研究した。しかし、誰もその強さの正体を突き止められなかった。強いということは誰にも一目瞭然だが、なぜ強いのかは誰にもわからない。だから双葉山は強かった。

先輩や友人に連れていってもらったのがきっかけでクラブ麻衣子を知った。僕の周囲にいる多くの人が口々に秀逸なお店だと絶賛するのは知っていたが、行ってみると実際にその通りである。いつでも親しい友達と楽しい時間を過ごせる。客層も素晴らしい。何より、とにかく繁盛している。

なぜこれほどクラブ麻衣子が繁盛しているのか。成功するよりも、成功し続けることのほうが何倍も難しい。競争と浮き沈みの激しい銀座にあって、なぜ長期にわたって繁盛し続けているのか。競争戦略論という、競争の中で商売が成功するのはなぜか、その論理を考えるという仕事をしている僕は、自然と興味をもった。

銀座についての僕の経験や知識ははなはだ頼りない。早寝早起きの生活で、そもそもお酒をまったく飲めない。麻衣子以外の銀座のクラブもよく知らない。麻衣子にもそう頻繁に伺うわけでもない。だからあくまでも手前勝手な推測の域を出ないのだが、クラブ業界の大相撲幕内とでもいうべき銀座にあって、クラブ麻衣子は双葉山のような大横綱なのではないか、というのが僕の仮説である。

お店を構成するあらゆる要素が上質であることはいうまでもない。しかし、突出した何かがあるわけではない。必殺技や飛び道具はどこにもない。あっさり言ってしまえば、すべてが「普通に上質」なだけである。ここに凄味がある。ひたすらトータリティで勝負する。だから誰も真似できない。魅力が飽きられることなく持続する。顧客にとって唯一無二のお店になる。大げさでなく、これはあらゆるビジネスにとって究極の理想である。四十年という長い時間をかけてクラブ麻衣子という横綱を育ててきた雨宮由未子さん、この方は稀代の経営者であるというのが僕の見解だ。

もちろんお店に伺う目的は楽しい時間を過ごすことなのだが、麻衣子をサービス・ビジネスの成功事例として観察し、その背後にある論理を考えてみることも、僕にとって大変に面白く、気づきの多い時間である。雨宮さんとはお店でご挨拶をするぐらいしかやりとりしたことがない。もしかなうならば、こうした切り口で一度ゆっくりお話を伺ってみたいものである。経営学者としての願望だ。

ただし、どんなに観察しても、どんなにお話を伺っても、麻衣子の魅力や強さの正体は結局のところ最後までわからないだろう。だからこそのクラブ麻衣子、夜の銀座の双葉山。ファンの一人として、連勝記録のさらなる更新を願う。

「ザ・銀座」銀座のクラブの代名詞

GMOインターネット株式会社 代表取締役会長兼社長・グループ代表
熊谷正寿

今でこそ、馴染みになって「くまくま」と呼ばれていますが、初めて麻衣子に行ったときは、手と足が同時に動いてしまうくらい、ガチガチに緊張しました。

平成十五年の春でした。上場会社の先輩として憧れ的な存在だったイマジニアの神藏孝之社長に上場のご報告に行って親交が深まり、「上場企業の社長になったら、年上の方や金融の方とのお付き合いが多くなってくる。銀座の一流の社交場を知っておくといい」と、お連れいただいたのが麻衣子でした。

当時、ぼくは六本木や西麻布で飲んでいて、銀座に行く機会はありませんでした。初めての銀座の高級クラブで、しかも神藏さんからは「最高のところだ」といわれていたので、大いに緊張したわけです。

ところが、そのときは、ママの休みの日で、もう一回ママのいる日に出直して、ご挨拶しました。神藏さんからは、「仕事でここを使うのだから、ママにきちんと覚えてもらい、それなりの処遇を受けるようじゃないと、お連れしたお客に悪いだろう」と言われていました。

それでぼくが考えたのが、ママにインパクトを与えて、とにかく覚えてもらうことでした。その方法はというと、ちょっと背伸びしてシャンパンの中でも最高級のものを入れること。回数はそれほど行けないので、行く度にこれを繰り返しました。何でもとことんやる性格なので、これをひたすら続けました。特にママの誕生日は大切です。誕生日当日は、経済界の錚々たるみなさんがいらっしゃるので、若輩のぼくがそこに行っても目立ちませんから、誕生日の前の晩に東京にいる限り、麻衣子に行き、シャンパンで真っ先にお祝いの乾杯をするのです。

ママがどう思われたのかはわかりませんが、このシャンパン大作戦は成功したと、自分では勝手に思っています。いつもお店では丁寧に扱っていただいていますから。

また、一流のお店ですから、そこで働くスタッフの方々もやはり一流です。スタッフの皆さんにも敬意を表して、丁寧に振舞うようにしています。お店から何かいわれるような飲み方は一切したことはありません。別に媚びているわけではなく、それだけ麻衣子は、ぼくにとって大切なスペースだということなのです。

一流の店というのは、何が一流なのかというと、接客、飲み物、美しい女性などいろいろ要素はあるかと思いますが、ぼくの定義としては、いいお客様がいるところが一流。麻衣子はそれなのです。銀座にはあまたのお店があるのでしょうが、その点で麻衣子は別格です。

通い始めたのは三十代でした。そのような若輩にもかかわらず、ママにきちんと対応していただき、その結果、いいお客様が集まる中で、どれだけ人脈が築けたことでしょう。また、世間に信頼されている麻衣子で大切にされているということは、ぼくがお連れしたお客様に対して、ぼく自身の信頼の証明書になるのです。つまり、仕事でプラスになっていて、マイナスになっていることはない。麻衣子は、ぼくにとって欠くことのできない銀座の社交場なのです。

ぼくはビジネスにおいて麻衣子に助けられていると思っています。

ママは、やさしくて、美しくて、気遣いもできる方で、一方、しっかりとしたポリシーをお持ちです。お客様に対してよりよくしよう、お店をよりよくしようという厳しさを感じます。お店の女性にとっては、そのようなママが鑑なのでしょう。女性がママに対して、そしてママがつくられたお店に対して敬意を持っています。それはお店の外でも感じます。外というのは評判です。銀座の話となると、あちこちで出る名前は麻衣子。もちろんよい評判です。外で聞く評判からもママに対する敬意が感じられるのです。その意味で、まさに麻衣子は「ザ・銀座」です。

これからも、今のポリシーのまま変わってほしくないと思います。商売をするには、新しいものにどんどん変えていくほうがいいというケースもありますが、一方、クラブというのは、ある種固定されたものがあり、麻衣子はその中で独自の地位を築いているのですから、このままでいい。ママも変わらず、お店も変わらず、「ザ・銀座」として、今のままであってほしいのです。

ぼくの大好きな麻衣子、永遠に変わらないでほしい。

殿中でござるぞ

漫画家
黒鉄ヒロシ

銀座を特別な場所と考えるタイプもあれば、なんの、名称が異なるだけで他となんら変わるものではないとニヒルに突き放すタイプもある。

銀座のクラブもまた、特別の位置に据えるセンスもあれば、なんの、酒場の場所が違うだけで、日本国中、いや世界中にあるそれとなんら変わるものではないと構えるセンスもあろうが、客としても面白くないから、当然にモテないであろう。

なんの、モテるモテないと、そは、あくまでも主観であって断じて錯覚の一種に過ぎない、なんぞという、おぬし、あっちへ行け。

銀座へは誘ってはやらんし、どうせおぬしからも声は掛からんだろうし、その発想はある意味で正しくはあるが、けして面白くはないから、友としても選びたくない。

よもやそんなタイプが、この冊子を手に取るとは思えないから、銀座に対する共通の価値観を分母として心地良く酔えるご同胞の方々に対しての、内容であります。

その夜の銀座行は〈殿中でござるぞ〉状態となった。えと、つまり、あの、妻を伴ってのクラブ訪問と相成ったのである。何故にそんなことになったのかとお尋ねか？

二組みの夫婦がゴルフに参りましてね、その後の夜の食事も共にしましてね、ちょいとお酒も入りますね？　すると友の妻君がね、「銀座のクラブって、どんなトコなのかしら」なんてぬかした訳ですね、で、その後の細かい成り行きは省略いたしますが、抵抗する僕に対して彼女らは「あら、怪しい」なんて眼を向けるんですワ、先輩方よ、同輩方よ。

かくなる上は、有らぬか有るかはこの際は関係なく、とにもかくにも無実を晴らす振りをしわくちゃ、じゃなかった、しなくちゃならぬでしょうが？

「夜の銀座への、妻の帯同はルール違反だな」との、かつての吉行（淳之介）さんの科白が脳裏をかすめはしたが、既に船は流されておる、そこで船頭（僕ですね）は、船着場は〈麻衣子〉に如かずと考えた訳ですね。

何故に〈麻衣子〉なのだと再度のお尋ねか。

窮地の対応にそつ無からんと信頼した訳ですね。

これが他の店の選択だと、もしや「妻じゃ」と紹介しても「あら、冗談ばっかり」なんて、火に油どころか火薬をぶち込むような仕儀と成り兼ねぬ。

嗚呼、わが選択は正しかった。

マダムじきじきに応接してくれて、全くにそつのない会話の流れに、こなた妻どももいたく感心し、「これなら、来たがる訳よねえ」なんぞと顔見合わせる女族どもの眼を盗み、かなた夫どもはしてやったりとほくそ笑むのでありました。

「いざ」「では」と立ち上ると、何時の間にか、緊張に包まれて男どもが飲んでいた間に決まってるんですが、マダムの配慮によって取り寄せられたるいずれも銀座の銘店の菓子の数々、「お荷物になりますが」なんて、それぞれの妻の手に。

その後、細君らの覚え目出度く、「銀座へ行くなら麻衣子になさい」なんてね。

げに、銀座の、いや、〈麻衣子〉の、つまり、マダムの、すなわち、雨宮由未子さんの、TPOを弁えた行き届いた対応に、さては四十年に亘る繁盛の急所ここにありと、感謝に尊崇の気持ちを添えて、以上が〈麻衣子〉四十周年を寿ぐ駄文であります。

命の輝きを湛えるママとすべてを任せられる係の女性たち

株式会社幻冬舎 代表取締役社長
見城 徹

数ある銀座の夜の店の中で麻衣子がいちばん好きだ。ゆったりとする、なんともいえない寛いだ空気があり、とにかく落ち着く。ぼくは自意識過剰なところがあって、常に交感神経が活発な状態で、神経をすり減らしている。これはクラブなどで飲んでいても変わらないのだが、麻衣子だけは違う。この店に入ると、副交感神経が交感神経を押しのけてくれる。ぼくの細胞と麻衣子がうまく調和しているのだろうと、勝手に思っている。

ぼくが銀座に足しげく通うようになったのは、二十四歳で角川書店の文芸の編集者になってからのことだ。出版界がまだ元気だったころで、作家と毎日のように高級レストランなどで食事をし、クラブに通った。売れている作家と一緒ならば、三、四軒は梯子酒をしてもかまわない。文芸の編集者はこんな役得があるのかと驚いたものである。もっとも、クラブといっても、編集者は学割になる当時十軒近くあった文壇クラブだが、それでも、ホステスはきらびやかで胸がドキドキしたし、有名作家をお連れするとその場も華やぎ、編集者としては得意満面だった。

ところが、三十歳を過ぎたころから、なんとなく文壇クラブに飽きてきて、三十代半ばになると、出版界の斜陽化が始まり、それとともに文壇クラブといわれる店も減っていった。そんなとき、そのころから売れっ子作家だった北方謙三さんと一緒に行ったのが、銀座随一の高級クラブと呼ばれる麻衣子だった。記憶が定かでないが、たぶん最初は北方さんだったと思う。

それから徐々に麻衣子に顔を出すようになったのだが、四十二歳のとき、ある事情で角川書店を退社し、今の会社を興すことになった。大手出版社をやめ、出版社を立ち上げて成功した人はいなかったので、これで銀座は遠くなったと本気で思った。ところが、幸いなことにベストセラーを連発、銀座がまた近くなった。

起業してからは、経営者として、業界のいろいろな重鎮とお付き合いするようになり、また、日本を代表する経営者の方々とも銀座で飲む機会が増えた。そしてその場は、圧倒的に麻衣子だった。

麻衣子との付き合いは二十五年ほどになるが、確か吉行淳之介さんだったと思う。「一番気に入ってるクラブでは係をつくれ。ただし係の女性と恋愛してはいけない。友達になり、あの女性を呼んでくれ、寿司をとってくれと、何かとわがままをいって、その場のすべてを任せるのが係というものだ」といわれ、それで、麻衣子だけだが、ある時期から係の女性をつくることにした。すべてを彼女に任せてしまうのだ。麻衣子の係はそれに完璧に応えてくれる。

十五年くらい前、仕事のストレスと酒の飲みすぎがたたり心臓を悪くして、四年間禁酒をした。しかし、「酒がないと人生がつまらない。禁酒はとても耐えられない」とつくづく思い、少しだけ飲むのをなんとか医者に認めてもらった。麻衣子の係はこのことを知っていて、ある程度飲むと、酒を止め、ウコン茶などを出してくれる。他のお客からぼくが酒を勧められると、「見城さんはこれ以上飲めないんです」といってくれる。寿退社などで係がかわっても、こちらが頼むわけでもないのに、代々、このようなぼくの情報は引き継がれている。しかも、ぼくのことをよくわかってくれていて、ぼくに合うのはこの女性と、やめる係が次の係を、ぼく抜きで決めてしまう。その選択に間違いがないところがすごいところだ。

要は、麻衣子での時間のすべてを安心して係に任せられるということであり、まるでホームバーにいるようで、これが、麻衣子が落ち着く理由の一つなのである。

ちなみに、係の女性がやめる日には、いつも同伴して食事をし麻衣子で過ごすことにしている。

また、店では、知っている人と出会わなかったことは一度もなく、客席にいる人が全部知合いのこともあるほどで、これまたホームバーの雰囲気である。

黒服もすばらしい。過剰でもなく、かといって足りないわけでもなく、ほどほど。見事なくらい過不足がない。これは黒服ではいちばん大事なことである。ポーターも代々感心するくらい優秀だ。特に今のポーターは若いが最高である。

そのほか、ピアノの峰さんとお客との長年のコンビネーション、ベテラン経営者、若手経営者、文化人など、客層のバランスのよさとそれぞれのお客の質の高さ、このような要素がすべて融合して、ぼくが落ち着いて過ごせる空気を生み出しているのだと思う。

ママの存在も、もちろん大きい。入れ代わり立ち代わり入ってくるお客に対して、瞬時の判断力が求められているはずで、心の中ではいつも汗をかいているのかもしれないが、その様子をまったく見せず、やわらかで常にゆったりとしている。それにいつまでも美しく、命の輝きを湛えている。だからこそ、大きな仕事が終わったときや、ぼく、または仲間の経営者によいことがあったときなど、特別な日には必ず麻衣子に行く。そこでみんなで喜び、輝くのである。

麻衣子は四十年かけて、客とママとスタッフが熟成させてきたひとつの作品である。そして今は完熟。もうこれ以上ないというくらい完成の域にきている。完熟を維持するのはむずかしいことだが、この状態をできる限り永らえてほしい。

ところで、ぼくはもう六十一歳になった。少なくとも六十五歳までは元気で通えると思うので引退はそのあとだが、そのときには代々係を務めてくれた、あゆみ、陽子、真琴、紫乃、美季、遥、瞳、それにママを招いてささやかな食事をしたい——これが密かに抱いているぼくの夢である。

銀座という街と麻衣子

株式会社小松ストアー　代表取締役社長
小坂　敬

明治になって国が煉瓦造りの街並みをつくったのが、今の銀座の始まりでしょう。もっとも、煉瓦造りの建物は開放的でなくて商売がやりにくいし、暖房が十分でなく、寒くて人気がなかったようです。それで、煉瓦の壁に穴をあけてショーウインドウをつくるなど工夫して、なんとか街を形作り、輸入タバコの店やタイプライターの店など、日本初の店が軒を並べるようになって、今日の銀座に至っています。

内容は時代によって変わっても、今も昔も銀座の特徴として変わらぬものは、あこがれの場ということです。いろいろなブランドが銀座にお店を出すようになっていますが、それも、あこがれのブランドの発信地としたいという気持ちが込められているのだと思います。ほかの街では意味がない。銀座でなければならないのでしょう。

銀座のバーやクラブも例外ではありません。戦後の銀座を振り返ると、バーやクラブの華やかさは、世の人の一つのあこがれではなかったかと思うのです。いわゆる、ただの飲み屋街の酒場という感じではなく、背伸びして飲むところ、そういう雰囲気がありました。

こういった、あこがれて背伸びするところというのは、いつの世でもあっていいのではと思うのですが、いかがでしょう。全部が真っ平らだと、そこから前進する意欲がなくなってしまい、世の中おもしろくない。そういう意味では、ちょっと背伸びをして行く銀座とそこにあるお店は、なくてはならないものなのです。

今でも銀座で飲食や買い物をするというのは特別なことです。クラブも、お祝いなど特別なときにちょっと飲みにいく存在です。その銀座のクラブにも変化が見られます。私は父に連れられてラ・モールに行ったり、エスポワールに行ったりしました。今はそれらの店もなくなってしまい、あこがれて背伸びする銀座らしいお店は、麻衣子などほんのわずかになっています。

麻衣子が銀座にふさわしい質の高さを維持していることは、銀座としてもうれしい限りです。けばけばしい雰囲気になってしまうクラブをよく見かけますが、麻衣子はそういうことはありません。それは雨宮さんの考えによるものだと思います。そのため、私自身、麻衣子で気持ちよく時間を過ごすことができるのです。

たまたま雨宮さんが着物をつくっている呉服屋さんが私の友達で、そこで私も着物をつくってもらっているものですから、そんなことで共通の話題もあり、雨宮さんといろいろお話しするのが楽しい。雨宮さんは、いつもニコニコで、優しい顔で対応してくれます。人間ですから、実際は悩ましいことなど、いろいろなことがあるはずです。しかし、それをおくびにも出さないのが雨宮さんです。ママがいつもそうなのですから、お店の女性も当然仏頂面などしていられないでしょう。ですから、女性たちもいつも笑顔です。

どの時代でも、麻衣子のようなあこがれのお店に対するニーズはあるはずです。そのようなお店がなくなってしまったらつまらないし、とてもさびしい感じがします。麻衣子のように、あこがれて背伸びする存在という、銀座の伝統を守るお店が残っているということは、大事なことなのです。

銀座という街も同じです。あこがれて背伸びする街として続いてきたし、これからもそれを守っていかなければなりません。そのためには、銀座自身がそれなりの品を保っていく必要があります。今、私どもは、銀座デザイン協議会のもとで、いろいろなルールをつくって、銀座の品を保つ努力をしています。ニューヨークでのことですが、壊れたガラス窓をそのままにしておくと、犯罪が起きるそうです。逆にきちっとしていれば泥棒は入らない。同様に人間の習性として、ごみが落ちていれば捨ててしまう。銀座ではそのようなことのないように努めているのです。麻衣子も、酒の勢いでみんなが何でもやってしまう状態にでもなったら、自分もやってしまえとなるでしょうが、雨宮さんがそうならないように努力している。男性スタッフの役割はそこにもあるのでしょう。私はそう思います。

街の品を守る銀座の努力と、店の品を守る雨宮さんの努力は共通しているのです。それが銀座らしさをつくっている。麻衣子は銀座に欠かせないお店といえるのです。

これから新たにお店を出そうというところにとっても、麻衣子はあこがれの的です。麻衣子という目標があることによって、ほかのお店も頑張ってやっていける。われわれも頑張ればいけるじゃないかと思えるわけです。麻衣子は、いつまでもそのような目標であり続けるでしょう。

本物と本質の提供に共感

株式会社コーセー　代表取締役社長
小林一俊

銀座という場所には何か特別のものがある、と思うのは私だけではないでしょう。その銀座で、四十年もの間トップの座を維持し続けているクラブ麻衣子は、やはり特別な存在であり、日本一のクラブだと言えると思います。

私が利用させていただくようになったきっかけは、化粧品業界の大先輩であり、コーセーのお取引先でもある流通系企業の社長の紹介でした。私がまだ入社間もない頃で、営業の仕事をしている時のことでした。その方が「若い時にこそ一流のいいものに触れておくことが大事だ。私が銀座で大人の遊び方と流儀を教えてあげよう」ということで、ここに連れてきてくださったのです。非常に粋な方で、「ビジネスを離れたプライベートな付き合いは対等だから、楽しく過ごそう。だからといって銀座で割り勘はみっともないから、交互に支払うことにしよう」と、若輩者の私を一人前として扱ってくれました。今でもよくお会いしますが、私とプライベートで会う日は、一旦ご自宅に戻り、わざわざ和服に着替えて来られます。そしてクラブ麻衣子に来る前に必ず食事をします。それは、食事代を私が支払い、ここの支払いはその方がする、次回はその逆に、と一回ごとに貸し借り無しにするという、その方ならではの粋な計らいから始まった方法です。

私はこの方に、世間知らずの頃から、どうにか様になり始めた今日まで、本当に様々なことを教えていただき、学ばせていただきました。そして、クラブ麻衣子を通じて様々な方にお会いし、人脈を広げることができました。感謝しても感謝しきれない思いです。

後になって知ったことですが、私の父もクラブ麻衣子を利用させていただいていたそうで、そのことにお互いに気づいたとき、「よくこれまで、お店でばったり顔を合わすことが無かったものだな」と笑いあったものです。父・小林禮次郎は、一九八一年から一九九七年まで十六年間にわたりコーセーの社長を務め、その後は会長、相談役を務めた会社での私の先輩でもありますが、残念にも昨年の夏他界したため、一緒に来ることができなくなってしまったことが心残りです。

クラブ麻衣子の素晴らしさは今さら触れる必要もないことですが、様々な分野で活躍される素晴らしい方々との出会い、またそのような場に相応しい上質な空間やサービスに尽きると思います。私の会社は化粧品メーカーで、付加価値の高いハイプレステージブランドから、毎日気軽に使っていただけるような廉価な商品まで数多くの化粧品シリーズを発売しています。しかし中でも、デパートや化粧品専門店だけを販路とし、質の高い接客やカウンセリングを提供するハイプレステージ化粧品には、とりわけ力を注いでいます。そのため、お客様に高い満足を提供し続け、強固な信頼関係を築いていくために何をすべきなのかを日々考えていますが、私はクラブ麻衣子から多くのことを学ばせていただいています。お店のこだわりや雰囲気、ここで交わされる会話や人脈などなど、いつ行っても新鮮な驚きや感動とともに共感を覚えます。

例えば、お店のご紹介にもある「本物と本質の提供に邁進してきた」という言葉や、「〝守るべきもの〟と〝変わるべきもの〟を共存させ、銀座とともに進化を続けていく」というモットーは、私たちのブランド作りと共通するものがあります。

当社にはハイプレステージブランドの代表として「コスメデコルテ」があります。雨宮由未子様をはじめとしてスタッフの皆さんにも愛用してくださっている方がたくさんいらっしゃいます。しかも、このブランドは誕生したのが一九七〇年です。二年前に四十周年を迎えたばかりで、クラブ麻衣子と同じ時代を歩み、成長してきたことになり、私なりにご縁を感じています。「コスメデコルテ」も品質とサービスの質、すなわち付加価値を高めて最高の化粧品を消費者にお届けすることを理念としています。このようなブランド作りやお客様満足の追求に真摯な姿勢で臨んできた私たちの考え方は、クラブ麻衣子のモットーと同じではないかと思っています。

私も社員に、よく「伝統は革新の連続だ」という話をしています。長い歴史を持ち、しかも現在でも強い存在感を持つ優れた老舗企業というものは、決して過去の伝統だけで成り立っているわけではありません。古き良き伝統を堅持しつつ、常に時代に合わせて革新を続けています。それがたゆまぬ成長を維持している秘訣だと考えています。当社の「コスメデコルテ」は、「日本における真の高級化粧品を作りたい」という思いを形にするために生まれました。高度な美容理論と最先端の技術を駆使して開発した最高の化粧品を、厳選された化粧品専門店で、丁寧なカウンセリング接客によってお客様一人一人に手渡しで販売することで、国産最高級ブランドの地位を揺るぎないものにしてきました。それは、常に「守るべきこと」と「変えるべきこと」を見極め、「変えるべきこと」には躊躇せずにチャレンジしてきたからできたことだと思っています。

クラブ麻衣子という銀座最高のブランドも、やはり「守るべきもの」と「変わるべきもの」の峻別のうえに成り立っているのでしょう。ブランド作りは、商品やサービスの内容は違っても考え方は一緒だと思います。

このようなクラブ麻衣子で、私は今後ともたくさんのことを学ばせていただき、たくさんの人々との交友を持ち、そして何よりも心やすらぐ最高の時間を過ごさせていただきたいと考えています。

人のよろこびを自分のよろこびとする

遠州茶道宗家　十三世家元
小堀宗実

四十代半ばから、いろいろな方とのお付き合いで銀座へ行くことが多くなり、たまたま同じ月の間に、お二人の方に「いいところがあります」と連れていっていただいたのがクラブ麻衣子でした。

第一印象で、超一流と感じました。すぐに雨宮さんを紹介され、品のよい、落ち着いた感じの方と思いました。それ以来、親しい方と銀座でお会いするときに、麻衣子に伺うようになっています。

お店によって、率先して仕切るタイプのママと、静かにお客をもてなすタイプのママがいますが、雨宮さんは後者。そのため、混雑していても、比較的ゆったりとした雰囲気があり、お店では知っている方ともよくお会いしますが、みなさん、落ち着いて時を過ごされています。雨宮さんの人柄によるのだと思います。

私の仕事の茶道について少し触れさせていただくと、お茶を点てるのはあくまでお客様のためです。自分のためではありません。お客様に召し上がっていただくのに、お抹茶自体がおいしくなければならないのはもちろんですが、「大変結構です」といっていただくためには、お茶だけでなく、湯加減もお茶碗も大事ですし、お茶室の掛け物や花も、庭も、季節感も大事です。そういうものが総合的に絡み合って、お客様は一服のお茶をおいしいと感じるのです。このように、お客様のために、様々な要素を取り入れ、調和させ、喜んでいただくというのが茶道の考え方です。

麻衣子にも同じことが言えます。お客様によっては三十分くらいしかいない方もいるでしょうし、長くいる方もいるでしょう。あるいはその日によってご一緒する方が違うこともあるでしょう。このようなことをいろいろ配慮して、たとえば、どこに座ってもらうかを考えたり、お店の女性がお客様の大事にしているものや好きなものを知っておいて、適宜会話に交えたりと、麻衣子は、お客様に満足してもらうために、いろいろな要素を絡めて接客しています。人のよろこびを自分のよろこびとするという意味合いでは、茶道と共通しているのです。

お店での接客の主となっているのは女性でしょうが、麻衣子では、男性スタッフも、細かな対応が実にしっかりとしていて、お客様を不愉快にさせないようにしています。麻衣子のようなクラブの基本は、この、人を不愉快にさせないということだと思います。お客様に喜んでいただくということはいうまでもなく大事なことですが、その前にお客様を不愉快にさせないことが何よりも大事。麻衣子はこの基本ができています。

しかし、この基本を維持するのはなかなかむずかしいものです。元来お客様とは昔からわがままなものです。

茶道では、世の中で何をするにしても、お客であるという気持ちでいれば、いちばん苦労がないという教えがあります。どういうことかというと、どこかにおよばれして、おいしいご馳走が出たら、「とても結構ですね」といえばいいし、たとえおいしくなくても、「どうもありがとう」という気持ちを持っていれば苦労がないということです。嫌なものが出てきたときに、こんなものはけしからんと怒るほうが、客としてよほど苦労することだというのです。だから、暑くても暑いといわず、寒くても寒いといわずに我慢するのが、お茶ではほんとうのいいお客様。お茶を提供する側もいろいろしていますが、お客様のほうもそういう気持ちでいれば、何の苦労もないという教えなのです。

ところが、今は一般に、お客はそういう気持ちがなくなって、自分がお金を払うのだから、好き放題しようという世の中になっているので、もてなす仕事をする人は前より大変かもしれません。麻衣子のお客様はそれなりに節度がある方でしょうから、他ほどわがままなことはないでしょうが、それでも、お客様により快適にということを常に心がけていれば、お店のみなさんは大変神経を遣うと思います。それで疲れるかもしれませんし、ストレスもたまるでしょうが、自分が大変だと思わず、茶道のようにお客様のためにと、あくまで相手を中心に考え、人に尽くすことを喜びと思ってやっていただくことが大事です。そうすれば、疲れやストレスも軽減されるものです。

そのような心がけで、これからもお客様を不愉快にさせないという麻衣子の質を守ってほしいと思います。

麻衣子開店の頃の思い出

東京寝台自動車株式会社　代表取締役社長
近藤龍観

過ぎ去って久しいが、若い頃、青年会議所のメンバーで日が暮れるとよく銀座へ繰り出して行ったものです。麻衣子のママさんを最初に見たのはメルヘンという店。確かアルバイトでしたか、飛び切りかわいい子だなと思っていたら、姫に移りました。姫は山口洋子さんという大きな看板があり、そこの女性は、彼女の陰に隠れてしまうのですが、雨宮麻衣子さんだけは違っていて、目立った存在だったのを記憶しています。

それからしばらくして、麻衣子さんが開店しました。どうせ開店当初は混むだろうからと、友達と日をおいて行ったところ、すごい行列でしてね。「並んで入るクラブなんてないよ」と、ほかで時間をつぶして再び行くと、まだ並んでいたのには驚かされましたね。

このようにいつも混んでいる店が麻衣子でした。普通の店だと、満席で並ばなければならないと、「じゃあ、また」と、別の店に行き、その日はもう来ないのが普通でした。店から見れば、そのお客を逃がしてしまうことになります。

ママさんは、そのへんの配慮が行き届いていましたね。今は、混んでいたらカウンターで飲んで、空いたら移るという形になっていますが、当時は今のようなカウンターがなく、私が並んでいて雨が降ってきたときなど、ママの部屋のようなところがあって、その部屋に入れてくれました。私はそこで席が空くまで待っていたのです。これならお客も逃がさないし特別待遇の様な気がして、友達と時間をつぶしました。

お客も馴染みという感覚になり、待たされても気持ちがいいものでした。

こうした配慮は、ピカイチでしたね。

お客は、どこかで食事をしたり、飲んだりして、いい気持ちでお店に行くでしょう。そこで入れなかったら、そのいい気持ちが途切れてしまいます。ママの部屋に入れたり、カウンターをつくったりして、お客がいい気持ちのまま、続けて店で楽しめるようにしているのですね。感心します。あたたかいんですね。

開店当時は、私たち青年会議所のメンバーは若く、部長、常務クラスで、専務が精一杯のところでしたが、雨宮さんは、「偉くなってからいただくから」という雰囲気があり、値段の面でもＪＣ勘定というものがありました。目先の利益ではなく、「早く偉くなってね」との私たちへの励ましもこめて、十年、二十年先という長いスパンで店の経営を考えてきたのだと思います。だからこそ、長く通うお客が増え、四十年も続けてこられたのでしょう。なんといってもお客に対する愛情が違うんですね。

ママは、商売抜きでお客に対することもたびたびありました。

こんなことがありました。常連のお客が連れてきた人が、酔っ払って目に余る所業に及んだとき、ママさんは、お店の女性のほうをかばったのです。ふつうなら一人でも多く常連にしたいはずで、悪くなくても、女性を叱るでしょう。雨宮さんはそうはしませんでした。察するに、彼女は、「そのようなお客はうちのお客じゃない」という気持ちだったのでしょう。当初から客の質は銀座一でしたからね。

こうすることで、従業員を守っただけでなく、くつろげる環境を乱さないことで他のお客も守り、また、不届きな客を連れてきてしまった常連客も守ったといえます。もし、女性のほうに非がないのに叱られたら、その常連客は気まずくなり、もう来られなくなるかもしれないからです。

ところで、バーやクラブがどうして必要なのでしょうか。特に麻衣子がどうして必要なのかと考えてみると、事業をやっている人間にとって、安らぎの場であるということが一つの理由です。麻衣子は、私にとってリラックスできる場、平常心になれる場でした。

もう一つ、理由があります。世の中の流れをつかむには麻衣子に行けばいいということです。私は別として、お客は超一流の人ばかりです。その人たちと特に話をするということではなくても、そこの空気に触れたり、女性と会話をしたりすれば、方向を間違えない情報を得られるのです。そういう意味でも、麻衣子は私たちには絶対に必要な存在なのです。

さらに、将来経営者になる人は、銀座でどういうふうに振舞ったらいいのか、知っておきたいと思うことがあります。そのようなことを、麻衣子での超一流の人たちの振る舞いを見て、勉強できるというのも、青年会議所や経済同友会のメンバーである若い私たちにとって、貴重でした。こういう店は銀座に何軒かあり、麻衣子はその点でトップクラスだと思います。

若かった頃から四十年、麻衣子に通わせてもらいました。ママさんにはこれからも現役であり続けてほしい。「善行をして未来に光明を見る。これ吉祥となす」という仏の言葉があります。ママが光明となっていれば、ああいうふうに生きていこう、頑張ればあのようになれるのだと、女性たちの目標になります。ママが光っていれば、みんなも光る。そんなママさんであり続けてください。

魅力あるお客が魅力あるお客を呼び、それぞれが成長する空間

イーソリューションズ株式会社　代表取締役社長
佐々木経世

魅力的な同世代の友人や先輩たちが、異口同音に「麻衣子がいちばんすばらしい」というのを、僕は何度となく耳にしていた。「そんな麻衣子に行ってみたい」と内心、心躍らせ麻衣子のドアを叩いたのは、もうかれこれ二十年以上前の話になる。当時の僕は言うまでもなく、直ちに麻衣子の魅力に取り憑かれた。

僕は考えた。なぜみなが「麻衣子」に集まるのだろうか。お客のほとんどは、実力があり人間性もすばらしい紳士で、業界のトップに立つような人たちばかりだ。その人たちにとって果たして「麻衣子」の何が魅力なのだろう。

確かにもてなしをしてくれる女性たちは、「一流」という名がふさわしい美しい人ばかりだ。しかしいくら美しくても、お客が女性だけを目当てに行くとは到底思えない。麻衣子の秘密は何だろう……僕は二十年以上麻衣子に通い続け、一つ確信を持ったことがある。

それは、麻衣子は訪れる人々にとって、単に癒しの空間だけではなく、自分自身を成長させることのできる場であるということだ。だからこそ、みなが麻衣子の魅力に惹かれているのではないだろうか。

その理由を三つ考えてみた。

一つ目は、同じ業界のトップレベルの人たちが出会うことのできる空間であるということ。同業の人たちは基本的には競合であり、例えば会議室などで顔を合わせるということはない。ところが、麻衣子では偶然に会うことがある。まさか麻衣子でいがみ合うことなどはないから、逆にご挨拶をするようなことさえある。そんな出会いから、同業ならではの共通の悩みや、業界として「世界に対してこうすべきだ」、「国に対してこうすべきだ」というような話に花を咲かせることも多々あり、場合によっては合併の話など出てくることもあるかもしれない。いずれにしても麻衣子での出会いをきっかけに、話はいろいろと深まっていくだろう。

二つ目は、異業種の人たちが出会える場であるということだ。麻衣子には各業界で活躍している人が集まっている。そうすると、他業種の魅力ある人たちと接する機会が自ずとでき、ひいては様々なことを学ぶことができるのだ。そして時には、そこから何かが生まれることもあるかもしれない。

最後は国際的であるということ。僕は海外の財界人との交流が大変多いのだが、ある時こんなことがあった。ある国の財閥のオーナーが、「今度日本に行くから会いたい。場所はいつもの店で」と言ってきた。「いつもの店」とはもちろん麻衣子である。また、ある国の財界人で、その国では互いに会うことのない二人が麻衣子で偶然顔を合わせたことがあった。それが分かったのも、そんな二人が話をしていくうちに、なんと共通の友人が僕であることが分かり、二人から「麻衣子に来い」と電話をもらったからであった。

通常、ＶＩＰは秘密保持もあって基本的には個室で会うものだ。しかし麻衣子は違う。麻衣子はそんなＶＩＰが来ても個室ではなくオープンな空間であるために、互いに話をしたりすることが可能なのだ。もちろん我々日本人も、麻衣子ではそのような海外のトップと出会う機会を得ることができる。麻衣子はそれが許される日本で唯一の空間なのではないかと僕は思う。

つまり、言い換えれば麻衣子はイノベーションの場であるともいえる。例えば僕は「スマートシティ」という一つの〝街づくりプロジェクト〟を、〝様々な異業種の企業〟と手を組んで進めるという、前例のない取り組みにこれまで尽力してきた。従来の〝街づくり〟はそれぞれの企業が別々に取り組んでいたために、たとえると〝増改築するたびに住みにくくなる家〟のような街になっていた。しかし、異業種のいろいろな企業があらかじめ手を組んで「街づくり」をしていくことで、単独の業種では出てこないような「アイデア」や「技術」が異業種間で生まれ、イノベーションが起こる。つまり〝一つの街〟をつくっていく過程で、それぞれの企業も共に成長を遂げることができるのだ。麻衣子では同様のことが起きているのだと僕は思う。もう一つ例をあげると、「オーケストラ」だ。オーケストラは、それぞれのプロの演奏家が互いを認め合って共通の音楽を奏でる。麻衣子では、お客がオーケストラの演奏家に相当し、それぞれが魅力的な音を奏でることで、聴いたこともないような曲が生まれることがある。つまり、魅力ある人同士が接することでそれぞれが成長し、新しいビジネスなど、何かが生まれてくることもあるのだ。

そして、何十年も変わらずにそんな「麻衣子」であり続けることができたのは、何と言っても素晴らしいママの存在を最後に特筆しなければならない。ママの美しさは言うまでもなく、加えてその上品さや知性、お客のことを最大限に理解し自らは控えめにする、その〝心〟のあり方に僕は大変感動した。そんなママの美しい笑顔を見ているだけで、僕はいつも嬉しくなるのである。

麻衣子は、そんな素晴らしいママが中心となって、同業、異業種、そして海外の魅力ある人たちと出会うことのできる唯一無二の社交の場である。そしてそこに集う人たちは、それぞれに魅力ある人たちと接することで刺激を受け、自分を成長させたいという気持ちを持って麻衣子に行く。その結果、「麻衣子」は〝魅力あるお客が魅力あるお客を呼ぶ空間〟となっているのだと思う。そんな空気を吸いたくて、僕も長年通っているのだ。

三代で通うのが夢

株式会社トゥモローランド 代表取締役
佐々木啓之

ママとぼくは同い年ですが、麻衣子に行きはじめた頃は、こちらは三十歳代でまだやんちゃ。一方のママはぼくよりずっと落ち着いていて、その意味では大先輩というイメージでした。これは今も変わりません。ママは、華やかだけれども落ち着いているという、相反したものが常にある人で、それが魅力でもあります。

ぼくは昔から子どもたちも麻衣子に連れてきていました。娘と息子がいて、二人ともです。麻衣子は親子で行っても楽しめるところなのです。

娘と一緒だったときのことですが、おでん屋で食事をしていたら、外は台風で前を向いて歩くのも大変な風雨になってしまいました。傘もさせないから、麻衣子でちょっといっぱいやっていくかということで、階段を下りていったのです。まだ、大きなバーカウンターがなかった頃です。すると、外は嵐なので、さすがの麻衣子もお客はちらほら。そこに入っていったものですから、ぼくと娘は、十五人くらいの女性に囲まれてしまいました。「うれしいこと」といっていいのかもしれませんが、どうしていいかわからず、けっこう大変でした。しばらくして別のお客が来たので助かった。このときのことは今も忘れません。麻衣子でこれだけの数の女性に囲まれたことのあるお客は、あまりいないのではないでしょうか。

三十五歳になる息子も、十七歳のときから連れていきました。息子にとっていい勉強になっているようです。十年くらい前には、息子が友人と行って、麻衣子の雰囲気にそぐわない飲み方をしたので、ママに厳しく叱られたそうです。

ふつうの店だと、父親であるぼくが常連ということで、息子のことも大目にみたりするものですが、麻衣子のママは違います。息子のためを思って、いろいろ教えてくれるのだと思います。感謝です。息子は、そのときはこわかったといいますが、それからはちゃんとしているようです。

また、麻衣子のお客もすばらしい方ばかりで、たとえば、作家の伊集院静さんと店でご一緒することもあり、伊集院さんに息子が叱咤激励されたこともあるそうです。これまた、ありがたい話です。

ママには厳しい面もあるのですが、気配りもすばらしい。当社のブランドの服を店の女性に着せてくれたり、あるいは麻衣子のお客へのギフトで当社の商品を使ってくれたりするのです。しかも、ママはそれを恩着せがましくいったりしない。後でわかったりする。

麻衣子へは、ぼくは一人で行くことも多く、そのようなときはバーカウンターに座ります。そこの女性はかわいいし、学生もいて、話がけっこう合って、何でも話せる雰囲気なので、とても楽しい。友人を連れたり、接待で外国のデザイナーを連れたりすることもあるのですが、とにかく喜ばれます。

店の女性の教育も確かです。社会的なマナーなど、家でも勉強できないことをしっかりと叩き込まれているようです。彼女たちを見ているとそのような感じがします。調度品もこだわっている。それらだけでなく、男性スタッフ、バーテンダーなど、ぼくはすべてをひっくるめて麻衣子を気に入っています。銀座の文化、東京の文化、日本の文化といってもいいと思います。

ぼくは、食事に行くレストランなど、利用する店はすべてオーナーのいるところにしていますし、仕事を頼むデザイナーもオーナーデザイナーに限っていて、そうするいちばんの理由は、その人が好きであり、その人をおもしろく思い、その人を研究したくなるからです。麻衣子もそうです。もっとも、ママに限っては、研究したりはしていませんが、経営者としては大いに参考になります。自分の生き方や会社の経営に関して、ママは、ぼくの道しるべなのです。店舗の経営では、まだまだ麻衣子に負けていて、業種は違いますが、少しでも麻衣子に近づけようと思っていることは確かです。

息子にとっては、まだまだ麻衣子は場違いなところかもしれません。ゆくゆくは馴染めるようになってもらえればいいと思っています。そして、今、いちばん上の孫が七歳。ママはいつになってもおばあさんになりそうもないので、これからも若々しく元気でいてもらい、将来、ぼくと息子と孫、三代で麻衣子に通いたい――それがぼくの夢です。

『不易流行』の「麻衣子」

サントリーホールディングス株式会社　代表取締役社長
佐治信忠

「麻衣子」が銀座にオープンしたのが一九七一年。ちょうど私がアメリカ留学を終え、社会人としての第一歩を踏み出した年でもありました。今、当時を振り返り、あの頃の風景を懐かしく想いだしているところです。

しかし、私がその扉を開けることが出来たのは、開店から十五年くらい経ってからのことでした。「麻衣子」にお邪魔しても恥ずかしくないと思えるような社会人としての自信が芽生えてからのことでしたが、以来、今日まで大切なお得意先でもあり、時折、グラスを傾けにお伺いしています。

「麻衣子」が銀座で産声をあげてからの四十年間、わが国は多くの試練も経ながら、大きく変貌を遂げてきました。エズラ・ヴォーゲルの『Japan as No.1』がベストセラーとなり、またオイルショック、バブルの崩壊を経験、更には、阪神・淡路、東日本大震災といった未曾有の災害に見舞われ、政治面では五五年体制が崩壊するなど、様々な変化を、その年輪に刻んできたのです。

そうした中、銀座も大きく様相を変えた四十年でしたが、時代や人々の価値観が様々に変化する中で、変えてはならない真理、変わってはならないものを守り続けてきたのが「麻衣子」ではなかったかと思います。

社会の本質は、人類が築き上げた歴史・伝統・文化に深く根ざしています。「麻衣子」もまた、四十年という歴史の中で、守るべき伝統を大切にしながら、豊かな時間と空間が織り成す飲酒文化という不変の価値を創り上げてきたのでしょう。

俳聖・松尾芭蕉の、『不易流行』という言葉があります。

不易とは〝古今を通じて変わらない不変の法則、時代を超えた真理〟、流行とは〝時代や環境条件により生まれるさまざまな変化〟というもので、その根源はひとつであり、どちらも非常に大切なものであると説いています。

まさに、どのように環境が変化しても不易の価値を守り続け、その一方で、常に時代の要望に敏感な感覚を研ぎ澄ませているところが、「麻衣子」を訪れるすべての人々を魅了するのだと思います。

バーカウンターで、山崎のオンザロックのグラスを傾けていると、あらゆる席でお客様同士が、お客様と「麻衣子」の皆さんが響きあう、また、「麻衣子」で働くすべての人たちが互いに響きあう、絶妙なハーモニーが聞こえてきます。
改めて麻衣子ママは、日本を代表する名マエストラであることを思い、ママに、そしてママのもとで美しいハーモニーを奏でている「麻衣子」のすべての皆さんに四十周年おめでとうと、お祝いを申し上げたいと思います。

いくつもの表情で溢れる東京には、数え切れない種類の夜が存在します。中でも銀座は、昼の顔と夜の顔が大きく変化し、銀座の夜は、銀座ならではの個性が凝縮した艶のある大人の街として表情を変え、昼の緊張と喧騒で張り詰めた心を癒してくれるのです。

いまだに厳しい環境下にあるわが国ですが、華やかさと賑わいが交じり合い、様々な色合いを見せる夜の街の活力こそが、日本を支え、動かす原動力になっていくのだと確信しています。
是非、麻衣子ママには、そうした活力をもたらすリーダーとして、これからも益々頑張っていただきたいと思います。

微妙な距離のすばらしさ

セガサミーホールディングス株式会社　代表取締役会長兼社長
里見　治

麻衣子に行くのは、仲のいい異業種の経営者とご一緒するケースと、お客様を接待するケースがあります。

地方のお客様にも銀座の麻衣子の名前は知られていて、お連れすると大いに喜ばれます。一度に何軒かまわることが多く、そのようなとき、ほかの店ではそうではないのですが、麻衣子ではたいへん感激され、「やはり銀座でいちばんの店ですね」と満足していただけるのです。お客様のほうがかしこまってしまうこともあるほどです。

そんな麻衣子に最初に行ったのは三十年以上も前ですが、このときはお付き合いでお供をする程度で、よく顔を出すようになったのは、ここ十五年くらいです。長く通うと、麻衣子のよさを当たり前のように思い、お連れしたお客様が感激する様を見て、「いい店なんだ」と、改めてその魅力を認識する次第です。

どこにそのような魅力があるのだろうかと考えてみると、まず客層がいい。周囲に迷惑をかけるお客はいませんん。ですから安心して飲めますし、嫌な思いをすることもないのです。

銀座の店にはたくさん行っていますが、居合わせたお客の振る舞いなどで、なんとなく嫌な思いをすることもあります。ところが、麻衣子はそれが一切ないのです。そのような環境の店にするのは大変なことです。ママの雨宮さんの努力は並大抵のものではなかったでしょう。しかし、雨宮さんはそのような努力の様子、苦労の様子などをわれわれに見せません。

雨宮さんに最初に会った頃は、たぶん彼女が二十歳代だったと思います。そのときの印象はおしとやか。銀座の女性は派手な人が多いのですが、彼女はそうではありませんでした。そして、それが今も変わりません。店が流行るにつれて、人柄が変わるママもいるものです。しかし、雨宮さんはいつも同じ。彼女ほど変わらない女性も珍しい。決して驕ることもなく、相変わらずおしとやかです。

また、麻衣子の女性たちに対して、偉いと思うことがあります。新聞などで顧客の情報をしっかりとチェックしているのです。そしてそれを、「里見さんのこと、新聞で見ました」などと話してくれる。もちろん、悪い話ではなく、いい話だけですが、そういわれると、こちらも悪い気持ちはしないし、酒もうまくなります。おそらく雨宮さんが、経済界などの話題が出ても話せるように勉強しておくようにと、女性たちに教育をしているのでしょう。女性以外のスタッフたちに対する教育もよくできていて、そのため、快適に過ごせる店になっています。

このようなことが総合して麻衣子のすばらしさとなり、人を感激させる、銀座でいちばんの店になっているのだと思います。

それにしても、四十年も店を繁栄させ続けてきた雨宮さんの、経営者としての手腕もみごとです。これだけ長く続けられた理由は、前述したことに加えて、雨宮さんとお客との距離感にもあると、私は思っています。経営者は、お客との距離が近すぎてもいけないし、遠すぎてもいけない。へんに媚を売って、必要以上に特定のお客に近づくと、別のお客がそれを敏感に感じ取って、その店を敬遠してしまうものです。

雨宮さんはそのへんのことをよくわきまえていて、微妙な距離をお客との間で保っています。バリアがある。しかし、そのバリアをお客に感じさせないところが雨宮さんのすごいところです。お客もそれをわかっているから、微妙な距離をつめようなどということはしません。だから、良好な関係が長く続けられ、四十年も続いてきたのだと思います。

バブルの頃の銀座も知っています。派手の一言でした。それに比べ、今の夜の銀座は、落ち着いてきたといえるかもしれません。麻衣子自体は今も昔も変わらないのでしょうが、今は落ち着いた銀座にしっくりと収まっているように思えます。

最後に、雨宮さん、七十歳、八十歳になっても、店には出てきてほしい。店に入ってママがいないと、何か物足りないのです。常連のほかのお客も、みんな同じ気持ちだと思います。ママのいない麻衣子は考えられません。ただ顔を見せていてくれれば、それでみんな満足なのです。

麻衣子揺るがず

株式会社ユナイテッドアローズ　取締役会長
重松　理

私は六十二歳ですが、ファッション業界ということもあって、以前は赤坂や六本木で飲むことが比較的多く、銀座に足を運ぶようになったのは五年ほど前からですので銀座は初心者です。麻衣子には三年前に京都の方に連れていっていただきました。その一回で気に入ってしまい、それからは他の店にはあまり行かず、もっぱら麻衣子で過ごすようになりました。今は平均して週一回は利用しています。

お客様をお連れするときもありますが、一人のときが比較的多く、そのときは長いほうのバーカウンターに座ります。カウンターが私のお気に入りです。カウンターのゴロウさんは機敏で嫌味がなく、お客様のことをよく知っている人で、お酒を飲みながらの彼との会話は楽しいものです。また、ボックスに座ったときなどは、ピアノの峰さんに、私の好きな『恋人も濡れる街角』や矢沢永吉の『時間よ止まれ』などをリクエストして、生演奏を楽しんでいます。ピアノの生演奏が聴けるクラブは、今は麻衣子くらいしか残っていないのではないでしょうか。

東日本大震災が起きた平成二十三年三月十一日。多くの人にとって忘れることのできない、大変な日だったと思いますが、私にとっては、麻衣子との関係でも印象深い日でした。

このとき私は、京都での会食のために品川駅で新幹線を待っていました。妻は東京駅にいました。そして地震。新幹線はもちろん、ほかの電車もすべてストップ。三時間くらい待っても結局動かず、私は仕方なく妻のいる東京駅まで歩くことにしました。途中、銀座を通ります。電通通りを通ったほうが距離的には少し近いのですが、数寄屋通りに足が向いてしまいました。麻衣子はどうなったのだろうと、気になったのです。夜の八時くらいでした。お店の前には、同伴の約束をしていて、女性と連絡が取れず心配でわざわざ来たというお客様がいました。お客様と麻衣子のつながりの深さをなんとなく感じた光景です。通り道だったとはいえ、自分も気になって来たのですが。

お店はもちろん休業でしたが、スタッフはいました。そのお一人が偶然お店の外に出て来られ、夜ですし、地震による混乱がありましたから、心配して、東京駅まで私の荷物を引いて一緒に歩いてくれました。その気遣いがとてもうれしかった。どこでも「お気をつけて」くらいは言うかもしれませんが、なかなかそこまでできるものではありません。

歩きながら彼にお店の様子を聞いたら、あれだけたくさん並んでいたお酒が一本も倒れなかったといいます。そのとき、「麻衣子揺るがず。堂々たるもんだ」と思ったのでした。単にボトルが倒れなかっただけですが、何か麻衣子の格式、存在自体が揺るぎないものであるかのように思えたのです。

実際、麻衣子は銀座で揺るぎない存在となっています。いちばんの要因はママの品格、お店の品格だといえます。その品格の背景にあるのは、水商売らしくないという点ではないでしょうか。

ママの和服姿。実にかっこよくて、どういう着付けをされているのかといつも感心するのですが、半襟の出し方、角度、幅など、品がよく、水商売らしくないのです。お店の女性たちの姿も同じです。いかにも銀座の女性というへアースタイルの人は一人もいませんし、服装もクラブの女性のドレスというのではなく、われわれが店頭で売っているワンピースを中心とした服装なので親近感を感じます。それでいてとてもおしゃれです。彼女たちはいろいろな経歴を持っていて、それをもとに話す会話も楽しく、興味深い。

このように水商売らしくないということは、彼女たちに素人らしさがあるということです。なぜかはわかりませんが、これが麻衣子の品格につながっているようです。お客のほうも、女性たちが素人らしいため、健全に飲んでいるという気持ちになれ、夜の街で遊んでいるという、うしろめたさがなくなるのではないかと思います。これは自分のことでもありますが。

また、水商売のお店はどこへ行ってもうわついた感じがあります。麻衣子はそれがない珍しいお店です。麻衣子のお客様もうわついていません。六十歳代後半から七十歳代と、中心の年齢層が高く、日本経済と密接に関係している企業人や文壇の方が多いからでしょうか。

品格がお店の側だけにあるのではなく、そのようなみなさんの品格も高く、地に足が着いた適度な楽しみ方をされています。その様子は、私にとって大いに参考になっています。格式があって、健全に飲めるということもあって、私はお客様もお連れします。するとみなさん、「いいお店ですね。すごいお店ですね」と、必ず気に入ってくださいます。わが社の社員では、新しく取締役になると連れていくのですが、彼らも「別格ですね」と感動します。

平成二十四年三月で私は社長を退き会長になりました。その前に、社長になる人間を麻衣子に連れていきました。ママに彼が今度社長になりますと紹介したのです。別に報告する必要はないのですが、お付き合いのある企業の社長に後継者を紹介するのと同じように、ママにも紹介したくなる。しないとまずいのではないか。そのような気持ちにさせるほど、麻衣子は格が高いクラブということでしょう。この格をいつまでも維持してほしいと思っています。

麻衣子は真のクラブ

株式会社ペリカン石鹼　代表取締役社長
渋井信行

私の手元に、市内局番が三桁だった頃の麻衣子の名刺がある。二十数年前に初めて行ったときのものだろう。それから今日まで、私は主にＹＰＯ（ヤング・プレジデンツ・オーガニゼーション）の仲間と共に、人間関係を温める場として、麻衣子を大切にしてきた。

ママの雨宮さんの第一印象は、ものすごくきれいな人だということ。社会に出たばかりの頃だったから、近づきがたい印象だった。雨宮さんはお店の雰囲気を大事にするような人だった。それは今もそうだ。決してでしゃばらないで、サロン的な雰囲気を大事にしていて、お客同士の盛り上がり方をそばで見ていて楽しんでいる。他の店では自分が中心になりたがるママもいるが、雨宮さんはそのようなことはない。一歩引いて、いつも静かにニコニコしている。上品だし、気を配るし、また、経営者として店を立派に成功させている。

そのクラブ麻衣子を一言で表現すれば、「真のクラブ」ということだろう。

父が江戸文化研究家でもあったのでこれは持論だが、「真のクラブ」の源流をたどれば、吉原にあるのではないかと思う。吉原では花魁がお客を選んだ。一定の手順をふんで、三回目あたりからようやくお客として認められる。認められるというのは、教養やマナー、社会的地位など人間の総合力が認められるということである。それがないと、「無粋な人でありんす」などと言われてしまう。そして認められれば、花魁がそのお客の係になる。銀座のクラブの係の制度と似ているわけだ。お客だけでなく花魁もそれなりのかなり高い教養を持っていた。

このように、人間の総合力があるお客を選ぶ花魁のような存在が「真のクラブ」なのである。麻衣子はその一つであり、その中で、麻衣子は一流の経済人のサロンとしての役割を担っている。

ちなみに、日本のクラブのような、サロン的なクラブというのは世界で類を見ない。海外ではメンズクラブのようなものがあるが、これは女性がいない。そこに入れば信頼しあえる仲間がいるメンズクラブのような良識と、女性がサービスをする、雅な空間があるのが日本のクラブであり、これは日本独自の文化だと思う。その代表である麻衣子は、さらに頑張っていかなければならないし、われわれも支えなければならないと思っている。

では、「真のクラブ」である麻衣子の最大の特徴は何か。お客がお客を呼ぶところにある。銀座には確かにきれいな女性がいるが、「真のクラブ」の場合、お客を呼ぶのは、彼女たちではなく、そこに来るお客なのである。それを誤解しているママもいて、女性にお客を呼んでこさせることに力を注ぐが、それではいつまでたっても「真のクラブ」にはなれないだろう。

お客の魅力でお客が来る。そうでなければならないと思う。一流のお客が行く店だから、自分もそこのお客になりたい、そうなれる人間になりたいと思わせる。そのような吸引力がある店が「真のクラブ」なのである。私も、たとえお金があっても、人物としてどうかというようなお客がいるところには行きたくない。

粒の揃った最高のお客を持っているのが麻衣子、というのが私の結論である。そのために、雨宮さんは、女性の躾をきちんとして、店を粒の揃ったお客が満足できるものにしている。実際、麻衣子の女性は立派な人が多い。

社長業をしていると、会社にいる限り、逆らう人はいないから、社会性が欠如する恐れがある。それを避けるために、みんな勉強会や会合などを催しているのだが、私は麻衣子もそのような場だと考えている。

だから、だれがいらっしゃるかなと想像をめぐらせながら、期待を持って麻衣子に行く。

そして、同じ立場の人がいたら、気楽に本音で話し合う。必要なら紹介しあうこともあるだろう。ただ、紹介を嫌がる人もいる。そのへんは阿吽の呼吸だ。それなのに、無理やりお客同士を紹介したりするママもいる。これはありがた迷惑。また、お客同士がせっかく心地よく交遊を楽しんでいるのに、その雰囲気を断ち切ってしまうママもいる。

　雨宮さんは決してそのようなことはしない。私たちが人間関係を温めているのをやさしく見守っている。だからこそ、私は麻衣子に通うのである。

余白の美

ホワイトストーンギャラリー・軽井沢ニューアートミュージアム
白石幸生

　麻衣子より私が経営する画廊の方が銀座では少し新しいのですが、隣同士ということで何かとお世話になっています。いつも花輪が並んでいる店だなあと思っていたのですが、それが麻衣子でした。それから三十数年。私はきちんと年をとり、髪が薄くなり、その間、数寄屋通りの店も七割くらいは変わっているのに、麻衣子もママ（雨宮由未子さん）も変わりません。女性は年をとらないのでは、と思うほどです。

　ママは、おだやかで、お世辞をいうわけでもなく、必要以上に話さず、適切に会話をする人で、それほど押し出しが強いわけではありませんが、引っ込み思案でもない。ふつうの感じで、一見すると、商いがうまいようにも思えないのですが、お客さんが来る。不思議な人です。私は、画廊のお客様や、千住博さんなど私が作品を扱わせていただいている画家の方と麻衣子に行くことが多いのですが、満席であっても、あのママの性格だと怒れない。仕方ないかと、カウンターで待っていたりします。天性のものをお持ちなのでしょう。

麻衣子の特徴は白を基調としていて店内が明るい点だと思います。私も白が好きで、自分にとって繁栄の象徴のような感じがあります。銀座のクラブというと、暗いというイメージがあり、暗い社交場は、なんとなく後ろめたさを感じてしまうものです。麻衣子にはそれがありません。オープンな感じです。

それと、麻衣子は明朗会計。暗い店で不明朗会計は嫌なものです。もう行きたくなくなります。麻衣子はその心配がない。これも社交場の大事な条件かもしれません。特に地方から仕事で来て、麻衣子を利用する人には安心感があると思います。また、あまり広くない階段をおりて地下に入っていく雰囲気がいい。地方からの人は、店に入ったときに、「帰ってきたよ」という感じになるのではないでしょうか。

その麻衣子を、私なりに表現すれば、余白の美です。

絵の世界に余白の美というものがあります。描かれない部分にも価値があり、美があるのです。余白があれば、美しい。麻衣子の雰囲気にも余白の美があります。ママのつくらない笑顔が、店の女性やスタッフにも伝わり、お客をもてなす社交場としてとてもよい空気をつくっていて、どこか余裕があり、そこに余白の美があるように思えるのです。だからこそ、みなさんが引き付けられ、落ち着いて利用できるのではないでしょうか。それを自然につくる能力がママにあるのだといえるでしょう。

麻衣子の隣の画廊は、今は銀座五丁目に移し、私は、画廊があったところに私が経営するホンコンの会社から出資をして「レカイヨ」というフレンチレストランをオープンさせました。有名店「シェイノ」で二十年も勤めたカリスマ支配人の高橋淳一さんが、ここに移って独立する形で社長としてやっているのですが、移るとき、「この場所ならぜひやってみたい。麻衣子の隣だからいい」と言ったとのことです。シェフは、これも麻布で有名な「プチポワン」の北岡飛鳥さんですが、彼も同様の気持ちだったようです。

麻衣子は一流の飲食業界のベテランの人たちを、その隣で仕事をしてみたいと思わせるほどの力を持っているということです。

数寄屋通りという場所は決して悪いところではありません。帝国ホテルに近く、そこに年間百日も百五十日も泊まる、地方で事業をしている人は多く、その人たちが食事をしたり飲んだりするには便利な場所なのです。この通りには、長い歴史の中で有名店がいくつも店を構えましたが、入れ替わりも激しい。その中で、一度定着したところは長く続いています。数寄屋通りに、銀座という街に必要な存在になっているのでしょう。四十年も続いたということは、麻衣子も同様に、銀座の社交場として、もはや必要欠くべからざるものになっているのです。

ママにとって四十年は人生のかなりの部分です。その間、数寄屋通りを動くことがなかったというのは、よほど相性が合ったのでしょう。私も離れがたい気持ちがあります。ママもそうだったのだと思います。数寄屋通りにはそのような魅力があるのです。

銀座の画廊は、土日を休むところが多いのですが、私は開けています。街の一員としてそうしなければならないという思いがあるからです。麻衣子も定休日以外は必ず開いています。麻衣子で飲むことを楽しみに来る人のためにも、それは必要でしょうが、何よりも、銀座の一員として、街のためになりたいという気持ちがママにあるからだと思います。

同じところに同じくらい長く仕事をしているママと私、たまに「お互い頑張りますなあ」と会話を交わすことがあります。これからもお互い頑張っていきましょう。

ステータス

スガシタパートナーズ株式会社　代表取締役社長
菅下清廣

バブルの頃からかれこれ三十年近く麻衣子に通っています。バブルの頃は、主に大企業の金融財務部門の幹部やトップとお付き合いがあり、夕食の後、流れで一緒に麻衣子に行ったり、麻衣子で落ち合ったりというパターンでした。現在は、自分が主催する勉強会に所属しているオーナー経営者、若手のベンチャー経営者の交流の場に使っています。

バブル時代は麻衣子だけでなく、他の銀座のクラブも繁盛していました。どこも繁盛していたために、麻衣子の価値に気づかなかったという面もあると思います。不況になり、銀座のクラブに来る客は激減。それでも、麻衣子は繁盛しています。今のほうが麻衣子の本当の実力、価値が浮き彫りになっているのです。

ビジネスもそうでしょう。バブルのときに好調だったのに今はだめだという企業は、本当の実力がなかったのです。こういう不況のときにこそ、麻衣子のような店や企業の実力がわかると思うのです。

その麻衣子の実力の根本は、どういうお客を自分のお店のお客にするのかという戦略を、ママがしっかりと立てていたところにあるのではないでしょうか。ママは、目先の利益よりも、いいお客に来てもらうことに力を入れたはずです。目先の利益を追うのなら、儲かっているお客から五割増しでも六割増しでも取ればいい。バブルのときはそういうお店がたくさんありました。支払うときにあっと驚くことがけっこうあったのです。麻衣子にはそれがありませんでした。

これは私の想像ですが、ママは、麻衣子をオープンする前の売れっ子だったとき、いろいろなお客を見て、いいお客、質の高いお客に来てもらうにはどうしたらいいか、どういう店作りをしたらいいかということを考えたのではないでしょうか。いくらたくさんお金を使ってくれても、品のよくない人がくれば、質の高いお客は来なくなってしまう。そうならないように、質の高いお客だけが来るようにしようというのが、店づくりの原点にあったのでしょう。その結果が今の麻衣子なのです。

私が行き始めた頃も今も変わりませんが、麻衣子は、他のお店とちょっと違っています。麻衣子だけは、昔からほかのお店にはないステータスの空気があるのです。その空気はなぜできるのかというと、ステータスのあるお客が集まっているからなのだといえます。それは、ママが長年努力して、質の高いお客を集めてきたからなのです。

ステータスのあるお客が集まるクラブにするためには、たとえば、ステータスのあるお客にふさわしい女性を集めたはずです。だから麻衣子の女性はほかのクラブと違います。わかりやすくいうと、麻衣子の女性は素人っぽく、けばけばしくない。ステータスのある人は、けばけばしいのは嫌がります。また、ママにはお世辞がなく、会話に飾り気もあまりなく、そのため本音ベースで話ができます。それでいて、きめ細かな心遣いは感じます。他のお店のママと違うのです。自然なもてなしの技をもっていて、それがママの、麻衣子の魅力になっているのです。こういったことが、質の高いお客をひきつけたのだと思います。

何かで大儲けしてドンチャン騒ぎするようなお金持ちは麻衣子にはいません。単にお金持ちがステータスではないのです。麻衣子はそういうお客は歓迎しない。だから、そういう人たちは、麻衣子に来てもおもしろくないかもしれません。麻衣子はそういう人が馴染めない店作りを、雰囲気作りをしてきたのだと思います。

これが、麻衣子が銀座でトップを占めている大きな理由です。そういう空間というのは一朝一夕ではつくれません。昔流にいうと財界などの社交クラブのようなステータスのあるクラブです。そのようなクラブは銀座で少なくなりました。今は麻衣子くらいでしょう。

バブル崩壊後の数年は、どのクラブにとっても厳しい時代がありました。ママはそれでも方針を変えずにやってきました。その結果、麻衣子は、質の高いお客が定着して、銀座でダントツのステータスを感じるクラブとなっているのです。

今後の麻衣子の課題は、競争相手がいなくなって、一人勝ちの状態になったとき、どうするかにあります。そこに安住しないで、お客を飽きさせないようなサービス、メーカーでいうと新製品の開発の努力が必要でしょう。お客の満足度はすでに高いと思いますが、常にフレッシュなサービス、フレッシュな対応を心がけ、他の追随を許さないブランド力をつけ、いつまでもステータスのあるお客の集う場所であってほしいのです。

母が感じた古き良き銀座の香り

日本画家
千住　博

入院中の八十五歳の母が一時退院した昨年末のある日、私はひょんなことから母をつれて「麻衣子」に行くことになりました。「博がどんな所で飲んでいるか見てみたいから」と言われたからです。こう言っては何ですが、余命幾ばくもないはずの母の希望だったので、冥土のみやげにまあ一度位いいか、と勝手に考え、他のお客様の迷惑にならないようにと、早い時間に母をつれて「麻衣子」の門をくぐりました。

店内に入り、ソファにすわり、まわりをきょろきょろ見渡した母は、「ここなら知っている」と意外なことを言い出すのです。

よく聞いてみると、今から六十年近く前の昭和三十年代、つまりまだ私が生まれる以前、母は当時勤めていた会社の上司につれられ、ここへは来たことがあると言い張るのです。

それはもちろん「麻衣子」ではなかったのですが、つまり古き良き銀座の香り、格式を母は感じたのでしょう。

私はなるほど、これが「麻衣子」の魅力なのだと思いました。

何千軒もある銀座のクラブの中で、その頂点に君臨する「麻衣子」に他が追いつけない理由はこの母の感じた雰囲気にある、と私は合点しました。それは「麻衣子」のママの高い見識がつくり上げた格調です。そして同時に上質な顧客が厳しく維持した理想の空間であるということも大切なことに違いありません。月日をかけ作り上げ、守られて来た雰囲気というものは、簡単に他人が真似出来るものではありません。銀座の高級クラブのオリジナルがここにはあるのだと私は教えられ、「麻衣子」こそ銀座の伝統なのだとしみじみ感じました。

母はその時「麻衣子」ママから大切にしていただき、すっかりうれしくなり、ずい分長居をしてしまいました。そしてその間「麻衣子」の若く美しい皆さんからエネルギーを注入していただいたようで、と言うか知らぬうちに何かを吸い取ったらしく、すこぶる元気になってしまって医者を不思議がらせています。

その「麻衣子」と私の出合いは、さかのぼると二十年も前になります。思う所あっていったん縁は途切れました。そして今から十年前、改めて知人のアートディレクター長友啓典さんにお連れいただき、今日に至っています。二十年前私が感じたことは、たとえ顧客のどなたと一緒でもここにはまだ私のような若僧は来てはならないような気がする、もっとしっかりとした大人になってからでないと駄目だろう、ということだったのです。十年前再びおそるおそる長友さんとお邪魔した時も、やはりここはまだまだおいそれと一人では来られない、先輩格の大人に連れて来てもらうしかない、と感じました。その理由は何だろうと色々考えてみますと、結局昨年末同行した母が感じたある種の空気感のようなことと言うしかないと思います。それを具体的な例で考えてみたいと思います。

(一)まず働く女性の皆さんが、『私は』ではなく『私が』「麻衣子」の看板であるという誇りに満ちている。つまり皆さんがバーンと迫力あって目に力があって美しく輝いていて、まさに大人の街銀座を代表する存在なのだと感じさせること。そしてそのクラブの客はと言うと、驚くほど立派な顧客ばかりなのに、その客たちが全くえらそうにしていない。それが(二)です。これはもうなかなか他のクラブではあり得ないこと。もっと尊敬しろとばかりに悪目立ちした客のふるまいを時として目にするのがクラブの常ですから。そしてこれが大切なことなのですが、(三)その客同士がお互い面識がなくてもどこか皆仲間意識を持っている風がある。大切なこの店を親のように気遣い、いわば「麻衣子」の保護者気分の客がそこかしこにいて、皆でこの雰囲気を腰をすえて守っている感じなのです。ここに至って、もうこれは他のクラブでは到底かなわない、そしてこれこそが正真正銘のクラブというもの、と感じるのです。つまりここに入り込むのは並大抵なことではない、出世して出直してこようとまだ若い私は感じた訳です。

　大人の街銀座の伝統、「麻衣子」。その「麻衣子」に似合う大人になりたい、「麻衣子」にちゃんとした客として迎えられたい、という思いを持ち時は過ぎ、ようやく私も五十代半ばに差しかかりました。恥ずかしながら、今でも「麻衣子」に来ては、周りを見渡し、まさにこの銀座一の「水」の中で、自分は浮いてしまってないか、ソファに沈んでないか、ママを筆頭にしたこの美しい人魚のような女性たちの前で溺れて呼吸困難になってないか、クラゲのように正体不明になってはいないかなどと、ひそかに毎度確認する私なのでした。

麻衣子　四十周年に寄せて

日本カルミック株式会社　代表取締役社長
髙居隆章

戦後、東京の夜の社交場として、銀座にクラブが増えてきた。

その頃ちょうど社会に出たばかりの世代が父親などに連れて行かれて、スポッとはまってしまった。そういった世代の人たちが、父親達の作った銀座の夜の文化を引き継いでいったのだと思う。

一九六〇年代、サラリーマンになったばかりの私も、時々銀座へ飲みに出かけた。華やかな街で仲間と飲んでいると、ただそれだけでいっぱしの社会人になれたような気がしたものだった。

しかし、二十代そこそこの若造が夜な夜な銀座で飲んでいるのだから、そのうち遊び金が底を突いてくる。散々に盛り上がって、いざ会計の時に持ち合わせが足りないことに気がつくなんてことはしょっちゅうだった。

そんな時、仲間で財布をひっくり返してどうしようかと言っていると、「出世払いでいい」と、笑って許してもらったものである。

銀座全体に、成長するものを育てようという大らかな雰囲気が流れていた。

そしてバブル。このときはすごかった。

銀座は活気と熱気にあふれ、店もお客も大いに盛り上がっていた。今考えると、異常だったと思う。まさに、バブル＝泡＝だった。

その後、経済全体に自粛が続き、銀座も厳しくなってきた。「銀座のクラブ」というスタイルも、よほど魅力的な店でないと生き残れなかった。

そんな厳しい状況の中でも、麻衣子の存在は盤石であった。

いちばん感心するのは、店を広くしていきながら成功しているところだ。

だいたい、拡張したりもう一軒出したりする頃には経営がおかしくなるものなのだが、麻衣子だけは安定している。これはすごいことだと思う。しかも、バブル崩壊やそれに伴う自粛ムードの最中にあっても、それらを乗り越えて成功しているのは、一定の層のお客をしっかりとつかんでいる証拠であろうし、それだけのブランド力が麻衣子にはあると感じる。

私が麻衣子に通うようになったのは、開店して二年くらい経ってからだったろうか。誰に連れられて訪れたかは忘れてしまったが、最初は「インテリアの変わった店だな」くらいにしか思わなかった。しかし、あれから何十年の時が経ち、私は今でも麻衣子に通っている。しばらく行かないということはあるが、あるときは接待で、あるときは気の置けない友達との時間を楽しむ場所として、麻衣子は私にとって欠かせない場所となっている。

麻衣子には、お客に愛される理由がある。

それは、ママの存在だ。店を訪れ、ママの顔を見ると何だかほっとする自分がいる。全てのお客に目を配り、お客一人一人にどのように対応すべきかをちゃんと把握している。店全体に気を配りながら、それでいてさりげないママの雰囲気が、我々をほっとさせるのだと思う。

あるとき、こんなことがあった。銀座の別の店にいた女性が、「店を移りたい」と私に相談するので、「麻衣子に行けよ」とママに紹介した。するとママは受け入れる際に、一つだけ私に条件を出した。「承りましょう。でも髙居さん、店にあんまり来ちゃだめよ」と言うのだ。

こちらは女性を紹介した手前、ある程度店に通う覚悟でいたものだから、この一言には正直面食らった。何故かとママに問えば、「その子が努力しなくなるでしょ」とサラリと言う。この一言にママの仕事に対する熱意を感じた。客が行く、と言っているのに来なくていい、というのだから。麻衣子にはいる女性を、一人前に育てようというママのプライドなのだろう。

ママに育てられた麻衣子の女性には、「いい女」が多い。

私が思う「いい女」とは、何も容姿や格好の良い女性をいうのではない。

銀座の女性には、バシッと厚化粧をして、髪も一目で銀座の女性と分かるようにしている人が多い。私も二十代の頃はそれが奇麗に見えた。しかし、五年もしたら飽きてしまい、今では飽き飽きといった感じだろうか。

それは何故か。外見に中身が伴っていないからだろう。

姿・形は、パッと華やかで如何にも艶めかしい。しかし、会話の受け答えはトンチンカン、生返事をしていたかと思えば、しまいには女性同士でしゃべりだしてしまうような女性には、どんなに着飾っていても興ざめしてしまう。

銀座の客は、馬鹿ではない。それなりの人たちがそれなりのお金を払ってきているのだから、女性には美しさだけではない、プラスの何かが求められると思う。その何かが、麻衣子の女性にはある。

今まで我々の話を黙ってにこにこ聞いていたかと思えば、彼女がふと口を開いた一言で、場の空気がパッと明るくなる。そこに一流の気遣いを感じるし、何より彼女たちの接し方がいつも自然体だというのが一番いい。

その昔、「その子が努力しなくなるから」、と私に釘をさしたママは、今でも麻衣子で「いい女」を育て続けている。ママにはいつまでも元気でいてもらいたいなと強く思う。ママがいるとこちらがホッとする。どんなに美人に囲まれても、ママがいるのといないのとでは全然違う。

もっとも、今日はママが休みの日か、じゃあ行くかな、という時もあるけれど、その辺はまた別の話かな。

未来から選ばれる店

オムロン株式会社　名誉会長
立石義雄

三十年ほど前、私が四十歳代の頃、営業を担当していた関係で、接待することが多く、お客様をお招きするお店の一つとして麻衣子がありました。キャバレーが全盛時代でしたが、ＶＩＰへの心遣いとして、物静かな高級クラブで接待することも必要で、麻衣子はそれにぴったりのお店だったのです。

当時は、高度成長のまっただ中で、企業戦士として残業、残業の日々を送っていました。家庭も社会も振り返らず、ただがむしゃらに働いていました。麻衣子は、接待の大切な場でもあったのですが、それに加えて、出張先での私自身にとって、そのような毎日の仕事で疲れた心を癒す、すばらしい空間でもありました。美人でやさしい雨宮ママの笑顔に接することで、どれほど癒され、次の日の活力になったことでしょう。

今も東京に行った折、時々寄らせてもらっています。ＶＩＰやオムロングループの幹部を連れて行ったりすることもあるのですが、みんな麻衣子に来られたということで、感激しています。

その麻衣子も四十周年。その記念ということで言葉を贈るとしたら、オムロンの創業者で、私の父親である立石一真の人生訓がよいかと思います。それは、「最もよく人を幸福にする人が最もよく幸福になる」という言葉です。

麻衣子は、そしてママは、四十年間、たくさんのお客と従業員のみなさんを幸せにしてこられた。それが、四十周年という、麻衣子にとって幸せなときを迎えられた最大の理由のような気がします。

経営者としてママは「人の幸せづくり」という素敵な理念を決してまげず、かといってすべてを自分で、というのではなく、要所、要所に人材を配置して、その人たちに任せ、組織的に運営されてこられた感じがします。

ママは人を使うことに優れているのでしょう。そうでないと、組織を効果的に運営することはできません。従業員一人ひとりに考えさせて、それぞれがいちいち指図されることなく、お客に適切なサービスをするということが、きちんとできているようです。従業員のみなさんも、やらされ仕事と思わないで働いているように思えます。だから、たとえママが店にいないときでも、お客が満足していられるのです。

私が企業戦士としてひたすら働いていた頃とは、時代も変わりました。特に東日本大震災が、私たち日本人の一人ひとりの価値観を大きく変化させるきっかけになりました。そして、日本全体が、愛し合い、信頼し合い、助け合いの人と人との絆を大切にするという心の豊かな社会を追求していこうという価値観になっているのです。企業もワーク・ライフ・バランスを考えていかなければならない時代になりました。

そのような中、麻衣子には、単にお酒を飲むだけではなく、人と人との絆や人との語らいを求める場、それを満たしてくれる場、いろいろな人との出会いができる社交の場のようなものであってほしい。

私は、たまたま『未来から選ばれる企業』という本を出版したものですから、それに絡めていわせていただくと、麻衣子には「未来から選ばれる店」という店づくりを期待しています。これからの日本人に必要な、心の豊かな社会に応える店づくり、そのような社会から選ばれる店づくりです。

寛いで学べる社会勉強の場所

株式会社丹下都市建築設計 代表取締役社長
丹下憲孝

時間が経つのは早いもので、初めて雨宮ママにお会いした日からもう二十八年になるかと思います。

私が、クラブ麻衣子に初めて伺わせていただいたのは、ずうずうしくも海外での留学を終え日本に戻ってきた二十五歳のときでした。まだ、右も左も分からないような頃、日本を代表するトップ企業の諸先輩方にお連れいただいたのがクラブ麻衣子でした。当時から銀座といえばクラブ麻衣子か八丁目のグレと言われており、そのような噂のお店に伺えるとは夢にも思っていませんでした。初めてお伺いした時に抱いたのは、単なるお酒を供する場という枠組みを超えた、実社会の縮図のような世界という印象でした。普段はテレビや映画でしか拝見出来ない方々がごく普通にいらっしゃることに、とても驚きを覚えました。

その当時は、お店も今の半分程の大きさだったと記憶しています。超一流の方々で埋め尽くされた場所にいることを、身分不相応と感じ恐縮したものでした。いまだ身分不相応でありますが。

バブル全盛期のころ、まさにその時代の勢いを表すような一つのエピソードがあります。その日、いつものように店内は満席で、私はお店の前で入店を待っていました。するとばらくしてお店から出てきたのが、当時公私ともにかわいがっていただいていた知人で、私の顔を見るなり「そういえば丹下くんは時計好きだったよね？」と一言。突然のことでつい「はい」と答えると、その方はおもむろに持っていたルイ・ヴィトンの鞄からヴァン・クリーフ&アーペルと書かれた箱を取り出し、「これ君にあげるよ」と、私にくださったのです。中を開けると金の時計が入っていました。クラブ麻衣子にいらっしゃるのは、そういう方々なのだと改めて実感したことを覚えています。

三十を超えた頃になると、銀座ではまだまだひよっこの域を出ないものの、お店に顔見知りの方々も増え、店内にいらっしゃる各界を代表する諸先輩方に挨拶して回り、一杯一杯ごちそうになっているうちに時が経ち、酔いも増し、自分の席に着く頃には「もう帰ろうか」となってしまうこともよくありました。そうして普段では簡単にお目にかかることも出来ないような方々にかわいがっていただいたことで、今の私があるのだと思っています。

ある時、お客様と当社の副社長とで食事をした後、二軒目として伺わせていただいた時のことです。お客様は十一時頃に帰られたのですが、残った副社長と私は、お酒の心地良い酔いに浸りつつ、その勢いもあって、その場で翌朝九時に予定されていたデザイン・ミーティングを始めてしまいました。周りの美しい方々には目もくれず、コースターの裏にスケッチを書いたり、ああでもないこうでもないとデザインについて話し合い、気がつくと二時を回っていました。建築というのは、時かまわずインスピレーションを感じながら突き進むものですが、美しい女性が私たちのインスピレーションを刺激してくれたのかもしれません。今、その建物は実際に建っています。でもその経緯を考えるとどの建物というのは決して口には出来ませんが（笑）。

またある時は、知人から、先輩で自動車関係の会社を経営されている方を紹介して欲しいと頼まれ、お二人を引き合わせるのに利用させていただいたのがクラブ麻衣子でした。おかげさまで知人とその社長は意気投合し、現在もお取引をさせていただいているようですが、私自身もお酒が入って気が大きくなっていたのか、麻衣子のお酒に助けられ、カーショールームの設計を手掛けさせていただくことになりました。そのようなビジネスの話をする場所としても、安心して人に紹介出来るというところも、クラブ麻衣子が多くの人に利用される一因かもしれません。

　政治や経済が変化してきた中、銀座という地において、四十年という長い歳月をトップクラブとして乗り越えられてきたクラブ麻衣子は、ビジネスの一つのモデルケースのようにも感じられます。またそれを支えてこられた雨宮ママには、学ぶべきところが多くあると思います。また、建築家として、人に心地よいと感じていただける空間を作ることが大切と常に思っているのですが、そこに美人がいるのか、インテリアが心地よいのかという違いはあったとしても、心地よい空間を提供しているという意味では、私の考えもクラブ麻衣子に通じるのかもしれません。実は、私のその考えも、銀座の素晴らしい雨宮ママ、その人に教わったことなのかもしれませんね。

「らしさ」が心地いい

株式会社ワコールホールディングス　代表取締役社長
塚本能交

東京に仕事で来たとき、一泊のときはもちろん必ず行きますが、四泊するときでも、麻衣子には毎晩顔を出すことがあります。私にとって麻衣子は、それだけ飽きずに気持ちよく過ごせるところなのです。

行き始めた頃は、麻衣子は銀座でも別格なのだという思いがあったので、遠慮していて、盛り上がっている方たちを横目で眺めつつ、あんな感じで飲めたらいいなと思っていました。今はそれができる立場になって、正直うれしいです。

もっとも、お客様同士の間でも、「麻衣子ではそんなことをしてはダメだよ」という暗黙の了解のようなものがあり、好き放題に盛り上がるということはありません。超えてはならない一線があるのです。調子に乗ってそれを超えてしまうと、ほかのお店では当然のことでも、「麻衣子でそこまでやったの」という話になります。

私も、酔った勢いで滅茶苦茶してしまった時には、ママから冗談のように「ダメよ」と言われることもあります。たとえば、ママがいないとき、餃子が食べたくなったので、店の人に頼んで買ってきてもらったその時に、ママが帰って来てしまった。「ダメでしょ」とママ。「今日は許すけれど、二度といけませんよ」という雰囲気です。こう言われても、別に腹は立ちませんし、むしろ心地よい。そこがまた、ママのすばらしいところなのでしょう。

銀座は大体敷居が高いのですが、麻衣子は格別高かった。しかし、一度それをまたぐと、京都のお茶屋のようなパーソナルサービスをいろいろしてもらえるのです。お茶屋は完全に座敷です。一方、麻衣子のような東京のクラブはオープンで、そこがまず違います。それでも、麻衣子にはお茶屋のような、お客様に合わせたサービスを感じます。

去年の夏でしたか、ニューオータニから散歩がてら麻衣子まで歩いたことがありました。五十分くらい歩いたので汗びっしょり。ママがそんな私の姿を見て、着替えのシャツを持ってきてくれて、「風邪を引くから」と貸してくれたのです。その後で、「馬鹿ね」の一言。ちょっとしたときに、そういう対応があるのが麻衣子なのです。

このような麻衣子の印象を一言でいえば、「カートを使ってもよい名門ゴルフコース」でしょうか。私はカートがない名門ゴルフコースは好きではありません。カートがないことを自慢しているような感じがするからです。名門と呼ばれるようになっている新しいコースにはカートはありますが、麻衣子はそこまで軽くはない。真の名門だけれども、お客様のことも考えて、カートが使える、そのようなお店だと思います。お客様ごとの対応を本当にきちんとやっていると感じるのです。

これは、ママがお店のスタッフをしっかりと指導しているからでしょう。そのママは、いれば必ず挨拶に来て席に着いてくれます。そして着いてくれると、他のお客様に対して、ちょっと自慢したい気持ちになるんです。といっても、ママはお客様にべったりというわけではありません。むしろ、席にいるのはほんの少しの時間です。それなのに、お店にいないと、今日はどうしたのと、気になる存在なのです。お客様とママの間は、このくらいの距離感でいいのだろうな、と思います。それに、ママがいないからといって、楽しめないわけではありません。すでにリズムのようなものがお店にあるので、ママがいなくても楽しめるものはできあがっています。

また、私は京都に住んでいるのですが、麻衣子では、ふだんお会いできない東京の方々にお会いできるという楽しみもあります。特に約束をしなくても、麻衣子に行けばどなたかにお会いできます。ママもお店の女性たちも、お客様同士の関係をよく知っていて、うまく対応してくれますので、安心して行けるのです。かといって、仕事の場としているわけではありません。私の父の頃は、仙台、東京、名古屋、京都、大阪など、それぞれの都市に夜の商工会議所的な役割を果たしていたお店があったようですが、今はそのようなお店はありませんし、そういう集まり的なものもなくなりました。夜の商工会議所の時代は終わったのでしょう。麻衣子は、今はもちろんですが、昔もそこから一線を画していたように思います。だから、麻衣子では仕事の話は一切出ませんし、私もしません。

このようなことが、私にとっての麻衣子の「らしさ」です。

クラブというものは、常に目先を変えて新しいものを追いかけていくやり方か、「らしさ」をいかに維持していくか、のどちらかではないでしょうか。麻衣子は「らしさ」で成り立っているお店であり、私たちは、その「らしさ」が心地いいと思っています。ですから、今の麻衣子を変えないでほしい。こう切に願っています。

じわっと浸れる心地よさ

アートディレクター
長友啓典

大阪生まれのぼくは、子供の頃から銀座の華々しい話を聞いたり、銀座を舞台にした小説を読んだりして、「銀座で飲むのが男の勲章、東京へ行ったら銀座やで」と思っていた。東京に出て、黒田征太郎とデザイン事務所をつくり、黒田が野坂昭如さんと組んで仕事をするようになって、その関係で野坂さんに銀座に連れていかれた。「眉」など文壇バーといわれた店に行くと、吉行淳之介さんや源氏鶏太さんなどが目の前にいらっしゃる。大いに緊張したが、子供の頃からの銀座のイメージが膨らみ、華々しさを増していった。山口洋子さんの「姫」に初めて入ったのも、野坂さんに連れられてだった。

そして、あるとき、色川武大さんの紹介で伊集院静さんと知り合った。意気投合し、銀座で行っていない店を軒並み征服しようと、二人で「銀座探偵団」なるものをつくり、飲みまくった。一年のうち三百日は一緒に飲んでいたものである。われわれの胃と肝臓はプラチナみたいな高価なものになっていると、よく冗談で、ふたりで話している。それほど銀座を歩いた。七〇年代の末の頃だったと思う。余談だが、ある週刊誌に伊集院さんがエッセイを書き、ぼくがその挿絵を担当していたことがある。彼がそこで「銀座探偵団」のことを書いた。それを税務署の人が読んでいて、さっそくやってきた。稼ぎの半分くらいしか申告していないのではと疑われたのだ。伊集院さんのところにも行ったらしい。二人とも別に問題なかった。銀座のクラブは高いといわれても、一流の店でも、覚悟して背伸びしたら払えるくらいのものだったと思う。

この「探偵団の活動の一環」で、「麻衣子」にも乗り込んだのだ。あの頃は二人ともまだ若かったが、雨宮ママが、有名だから、お金があるからといったこととは関係なく、また、職業も聞かず、若いぼくたちにふつうの人間として接してくれたのが強く印象に残っている。だから居心地がよかった。当時は、雨宮ママに限らず、いいクラブのママはみんなそうだった。

それから「麻衣子」に通うようになって三十年近く過ぎた。その間、変わらないものが一つある。ママがぼくたちとの間につくる心地よい壁、見えない一線である。

「麻衣子」に行くと、ぼくだけのママという気持ちになれるのだが、かといって、べったりした関係にはならない一線がある。ぼくらはそれを超えることができないし、ママもこちらに必要以上に入りこんではこない。これが心地よいのだ。はっきりと線引きされているような店ではそうは感じないし、ぼくだけのママなどという気持ちにもならず、別に行かなくてもよいという思いになる。また、べったりした馴染みの関係が心地よいという人は、そういうタイプの店に行く。雨宮ママの線は、ぼくだけのママという気持ちにさせてくれるのだが、そこには、互いに超えてはならないという一種の緊張感があり、この緊張感がぼくたち常連にはたまらなくよいのかもしれない。伊集院さんと今日まで長いお付き合いをしているが、彼との関係も同様のものであり、それが二人にとってとても心地よい関係なのだと思う。

ぼくが初めて行った時からママにはこの見えない一線があった。今も同様である。それは天性のものなのかもしれないが、それがあるからこそ、ぼくも常連のみなさんも「麻衣子」と長いお付き合いができているのだろう。

「麻衣子」が心地いい理由がもう一つある。「麻衣子」は、実際は会社組織になっているのだろうけれど、ママの匂いがするプライベート空間にいるような感じなのである。だから心が休まる。また、会社組織の店だと、マニュアル通りのあいさつをされ、お決まりのものが出てくることが多いが、「麻衣子」はそういうことはなく、たとえば、体調が悪い時はそれに合った飲み物を出してくれたりと、かゆいところに手が届く気配りができている。

接待で下戸の人が連れられていって、連れていった人が馴染みということでちやほやされ、下戸の人は傍らでポカンとしている光景が一般によく見られる。「麻衣子」ではそのようなことはない。気配りが行き届いていて、下戸の人でも飽きさせない。飲めなくても楽しめるものが、銀座って楽しいところなんだなと思わせるものが、あそこにはあるのだ。これが銀座だ、銀座の文化だ、私がナンバーワンだなどと何かを大仰に振りかざすのではなく、じわっとその文化にお客が浸れる。そういう心地よさが「麻衣子」にはある。

これは店の女性、スタッフなど全員が一つのチームとなってつくりだしているものだろう。一流のチームといえる。そして一流のチームをつくるには一流の監督がいなければならない。もちろん、それが雨宮ママなのだ。

これまで銀座の店には何百軒も行ったが、今も行きたいと思う店は、「麻衣子」を含めほんのわずかになってしまった。そういう店は昔はたくさんあったのに、さみしいことである。だから、雨宮ママには、終身監督として「麻衣子」というチームにもっと磨きをかけていってもらいたい。そして、ママが「姫」の山口洋子さんのもとから巣立ったように、「麻衣子」が次の銀座の担い手を輩出し、お客もそれに続いていけば、銀座の文化もすたれないと思う。

オメデトウ
ゴザイマス

麻衣子の魔力

作家
なかにし礼

ぼくの大好きな銀座の「麻衣子」が四十周年を迎えた。歳月の過ぎゆく速さにそぞろ哀切をおぼえるが、心からの感慨をこめて、おめでとうを言いたい。加えてますますの繁栄を祈らずにはいられない。

「麻衣子」は浮き沈みの激しい銀座にあって、名実ともに一級のクラブとして、また一流の名マダムとして四十年間、揺るぎなく君臨しつづけた。なまなかな努力や幸運で、こんな偉業が達成できるものではない。オイルショック、バブル崩壊、リーマンショック、東日本大震災と日本と日本経済には幾度も激震が走ったが、それでもなお「麻衣子」はいつにかわらず、優しく暖かい、居心地のいいクラブとしてそこにありつづけた。

盛り場の趣も変わり、赤坂の「ニューラテンクオーター」「コパカバーナ」ホテル高輪の「トロピカルラウンジ」など一世を風靡したナイトクラブも姿を消し、キャバレーは遠い昔話となり、浅草、新橋、赤坂、神楽坂などの花街が衰退の一途をたどる中、「麻衣子」は逆に店を拡張し発展しつづけている。

銀座のクラブという形態は、世界のどこにも類例がなく、たぶん、京都のお茶屋のありようをバタくさく改良して成立したものなのだろうが、「麻衣子」はオープン当初から、銀座の他店とは大いに違うなにかがあった。そのなにかとはなにか。

「麻衣子」のママ（雨宮由未子さん・当時二十三歳）がぼんやりと考えていたものは、十八、九世紀ヨーロッパに流行した「サロン」のようななにか、だったのではないかと、ぼくは勝手に想像している。

ヨーロッパのサロンは必ず有名な女主人が開く。客としては気分の合うまた目下隆盛をきわめる貴顕淑女らを招き、時局について持論をのべあい、教養とユーモアのある会話の応酬をし情報を交換する。むろんそこに恋愛の花も咲く。中でも作家や詩人は文化的アクセサリーとして随分と珍重されたらしい。そういう有名サロンに出入りできるようになることが、ヨーロッパでは世に出たことの証明になったのである。

このヨーロッパ風サロンの雰囲気を漂わすクラブは日本にはたった一つ「麻衣子」しかない。それが「麻衣子」に独特の風格をあたえているのではないか。えも言われぬ気位の高さ、「麻衣子」独特の行儀作法が店内をごく自然に支配している。まったく希有な、実は文化的にも研究の対象となるべき存在なのである。

「麻衣子」の敷居は相当に高い。「麻衣子」の客として認められた時、一応、男として及第点をもらえたような、そんな安心感と優越感を感じたことのないものは、今なお常連として通いつづけている客たちの中にはたぶんひとりとしていないであろう。むろんその雰囲気づくりに、客たちもよろこんで協力していた節はあるわけで、遊び場というのはまこと劇場に似ている。

四十年前というが、「麻衣子」がオープンしたのは昭和四十六年（一九七一）三月十八日で、実質的には今年で四十一年になる。

ぼくを初めて銀座に連れてきてくれたのは『月光仮面』で有名な作家・作詩家川内康範さんだった。昭和四十一年の春の頃で、街にはぼくの訳詩した『知りたくないの』が流れはじめていた。

「いよいよお前も売り出すであろうから、俺が名のある銀座のクラブを紹介してやる」

『誰よりも君を愛す』で日本レコード大賞をとった大先輩は夜毎にぼくを呼び出して、名だたるクラブを引き回してくれた。

そうこうしているうちに、つまり銀座で遊んでいるうちに、ぼくは紀伊國屋書店社長の田辺茂一さんと仲良しになり、落語の林家三平師匠、立川談志師匠、売れっ子作家の梶山季之さん、川上宗薫さんなどと合流したり、離れたり、また合流したり。よく飲み歩いたものだ。

茂一さんの得意芸は駄洒落の連発で、『長崎は今日も雨だった』も彼が歌うとこうなる。

行けど切ない　いしだあゆみ（石畳《いしだたみ》）

ああ　長崎は今日も……となる。

それにしても楽しい人だったなあ。

ぼくの書斎には晩年の茂一さんが書いてくれた額がかかっている。

着て　食べて　疲れたら　横になれ

なかにし礼兄　　田辺茂一

あまり働きすぎるぼくへの忠告として書いてくれたものであろう。

もう一人忘れられないのは徳間書店、徳間映画社長の徳間康快さんだ。いやあ実に素晴らしい日本人だった。豪快で明るく、反骨精神に燃え、文化の発信を生涯の仕事と考え、ロシアや中国と映画を合作し、ついには『風の谷のナウシカ』の生みの親になってしまった。人情家で冒険家で優しくて、男の魅力全開の人だった。

ぼくがしばらく借金に苦しんだあげく、不貞くされたように『時には娼婦のように』を作詩作曲した時、

「礼ちゃん、この歌は当たるよ。俺が言うんだから間違いない」

そう言って徳間さんは店のマイクを握りしめ、全編空で歌ったのには驚いた。あの時のあの人なつっこい笑顔とあのだみ声がぼくの脳裏に焼き付いて離れない。

で、話は「麻衣子」に戻るが、

「麻衣子」の開店は鳴り物入りだったから、そりゃあ派手なもので、沢山の花が店内はむろん、階段から路上にまであふれていた。

さて、誰と行ったのか思い出せない。いずれ楽しい仲間とどっと乗り込んだには違いないが、ぼくはこの店がいっぺんで気に入ってしまった。

なんだろう。こういう店があったらいいのになあ、というぼくの思いにぴったりなクラブがついに登場したというわけだ。

以来、ぼくは「麻衣子」派であり、四十年間一度として揺るいだことがない。仲間とも行く、一人でも行く、毎日でも行く。途中病気などで中断しても、銀座通いの再開は「麻衣子」から始まる。

昭和四十八年頃、『銀座ブルース』(相良武作詩、鈴木道明作曲)という歌が流行った。その中にたまらなくいい文句がある。

ほんとにあなたっていい方ね

でもただそれだけね

その頃、ぼくはまだ若かったし、そこそこもててもいた。女の子に送られて店から出て行く中老年の紳士たちのうしろ姿を見ながら、ぼくはこの歌の文句をくちずさみ、若者の残酷さを露悪的に楽しんでいたものだが、時は流れ、人も変わった。愉しい傑物たちもみんないないなくなってしまった。

今や白髪頭の老紳士《おいぼれ》になったぼくは「麻衣子」の一隅に座ってグラスを傾け、女の子ととりとめもないことをしゃべっているが、ぼくの目は宙を泳ぎ、川内康範さんや田辺茂一さん、徳間康快さんたちと過ごした、この上なく上質な恍惚の時を回想している。いや、そのために「麻衣子」の階段を下りていってるのかもしれない。銀座の魅力？　いや麻衣子の魔力だろう。

ほんとにあなたっていい方ね

でもただそれだけね

と女の子たちの目は笑いかける。それでいいのだ。

「いいところに勤めたね」と心からいえる店

歌舞伎俳優
中村勘三郎

麻衣子に行くのは、いつも片岡仁左衛門兄貴と一緒。その麻衣子はどんな店なのか、ちょっと考えてみました。

ぼくが昔から親みたいな感じでかわいがっていた先斗町の舞妓さんがいて、彼女が東京に出て、今、麻衣子に勤めています。ぼくは彼女に「いいところに勤めたね。ここなら安心だね」といいました。心からそういえる店、それが麻衣子です。そんな店はめったにあるものではありません。

麻衣子は店の女性の感じがいい。まず行儀がいい。それに、昔の花魁と一緒にしては失礼だけれども、花魁のように、どんなお客さんに対してもちゃんとしゃべれる。見た目がきれいというだけでなく、教養というのでしょうか、それがにじみ出ている女性が多いんです。歌舞伎もよく観てくれていて、会話に困らない。先日、よくぼくの席についてくれていて、結婚して麻衣子をやめた女性が、子どもを連れ、新橋演舞場に歌舞伎を観に来てくれました。「やー、しばらく、よく来てくれたね」と少し話をしました。そのような付き合いがいつまでもできる女性が揃っているのです。建て替えのため、歌舞伎座が一昨年四月に休館しましたが、歌舞伎座最後のとき、仁左衛門兄貴と、麻衣子とグレに行き、両店の女性たちと歌舞伎座の前で記念写真を撮りました。そうしたいと思える、いい女性たちなんです。

そのような女性を揃えるのは、やはりママの力なんでしょうね。

歌舞伎の世界でも、弟子がうまくなってくれれば、ぼくがしっかりと仕込んでいるんだなと思われるし、その逆だと、ぼくがだめだと思われてしまう。お茶子さんの世界も同様です。私がやっている平成中村座のお茶子さんが、ある週刊誌で百点の評価をもらいました。木村計美さんという人が仕切っているんですが、彼女がしっかりしているから、そうなるんです。麻衣子の女性たちが素敵なのは、ママがしっかりと教育している結果だということは間違いないでしょう。

といって、ママが厳しく女性たちを仕込んでいるといった様子はまったく見られません。ママはすごくやさしそうで、どんな教育をしているのか、想像がつかない。引き出しを多く持っている人なんだと思います。

その引き出しの多さを改めて感じたのは、ぼくが大好きなアストンマーティンにママが乗っていたことがあると、店の女性に聞いたときです。アストンマーティンが好きな女性なんてあまり聞いたことがない。フェラーリに乗っていると聞けば、ああそうかで終わるんですが、アストンマーティンが好みの女性というのはあまりいないし、ぼくから見ると、実に渋い。ママは着物を着た妖精のようで、スポーツカーに乗るような雰囲気ではない。それなのにアストンマーティン。ママを一層好きになりました。

この四十周年の記念本に寄稿することになり、ぼくはうれしかった。こういう依頼は、忙しいので、「やだよ」と思ったりするものですが、好きなママの本となれば別。「おれも書けるのか」とむしろ喜んだ。これはママの人徳によるものです。

ぼくは銀座でいろんなクラブに行くわけではありません。余談ですが、おふくろの波野久枝が銀座で「うさぎ」というクラブを経営していました。親父である先代の中村勘三郎が酒好きで、病気をしたとき酒が余って、それで始めた店で、今は姉の波野千代枝が引き継いでいます。ニューヨークにも店があり、ニューヨークに行ったときは便利なので利用しますが、銀座の店には五年に一度くらいしか行かない。姉の店となるとなかなか行かないものです。それで、銀座では麻衣子かグレくらいです。

親父の世代には「おそめ」、「エスポワール」といった、大人の街、銀座らしい店がありましたが、今はその雰囲気を残している店は少なくなりました。麻衣子は親父の世代の雰囲気が残っている数少ない店だと思います。だから、他の店ではなく、麻衣子に足が向く。上品なお客さんばかりで、そこに行儀がよくて素敵な女性たちがいる。そして、完璧で、不思議な魔力を持っているママがいる。席に着いてくれる時間は短いんですが、いい風が吹くんです。居心地がよく、自分のサロンで飲んでいるような気持ちになれます。

麻衣子がそのような店であるのは、ひとえにママが頑張っているからです。歌舞伎では中村小山三という人が九十三歳で舞台に立っています。ママは九十までまだまだたくさん時間がある。麻衣子はママあっての店。だから、ママはこれから何十年も、それこそ死ぬまでやめちゃだめです。

銀座のクラブは日本の文化

中山隼雄

麻衣子が四十周年を迎えるという話を聞き、銀座のクラブについて考えてみた。結論からいえば、それは日本の一種の文化である。なぜ文化なのかというと、日本人のＤＮＡ、特性と共通するものがそこに見られるからだ。

たとえば、フランスでは、平凡なサラリーマンは高級レストランにはめったに行かない。ところが、日本では若い女性同士でも入っている。ブランド品にしてもそうである。欧米のふつうの若い女性は、そのような高いものはほとんど持っていない。ところが、日本の女性は一点豪華主義で、自分の気に入ったものを、ぜいたく品でも持っているのである。昔、ウサギ小屋に住んで高級車に乗るという言い方が日本人をあらわすたとえとして使われたが、これが日本人なのだ。理に合わないものが好きなのである。実用主義ではないということであり、よくいえばロマンがある。そういう国民性がある。

銀座のクラブははっきりいって高い。それでも、そこへ行ってみたいという人がいる。ブランド品なども、ぼくは高いと思っている。しかし、それは価値観、嗜好の問題であり、それらを買う人は承知で買っている。クラブも同様で、いい雰囲気で飲みたいという人が、クラブの価値を認めて、高いのを承知で通っているのである。そのような土壌が日本にはあり、それが日本人の特性であり、そこに日本人のロマンもある。だからこそ銀座のクラブは文化といえるのである。また、だからこそ、浮き沈みはあったとはいえ、オイルショックに耐え、リーマンショックに耐え、震災に耐えて、厳然として銀座に存在しているのである。日本人の特性に合わないものだったら、とっくの昔に滅んでいるはずだ。

その中で麻衣子は、ナンバーワンの地位を堅持している。偉いと思う。経営者としての雨宮さんがすばらしいのである。

麻衣子を日本の企業の一つとしてとらえると、中クラスの企業のうちの中という位置だろう。従業員と売り上げの規模を考えれば、それくらい立派なところにいる。しかも、クラブというのは、個人営業のような女性たちを集めて運営しなければならないのだから、それだけむずかしい。

クラブのママには、いい女性を集めて自由にやらせるタイプと、きちんと統制、教育し、店のカラーをつくっていくタイプがいるが、雨宮さんは後者である。

特にぼくが感心するのは、ふつうのクラブでは、ボトルをどんどん開けさせて売り上げをあげるため、店の女性にも飲ませるものだが、麻衣子ではそのようなことはあまり見受けられず、また、いわゆるアフターと称するものも、強制などしていない点である。儲けようという感じがあまりにも出てしまうと、こちらもいい気持ちはしないものだ。雨宮さんは、あくまで店で楽しい時間を過ごしてもらうこと、これに徹していて、それから逸脱するようなことを女性にさせないように、接客に関して、厳しい指導、躾をしているのである。だから、あの店は上品なのであり、楽しい場所を提供できているのであり、お客を納得させることができているのである。

このように、雨宮さんは、単に儲かればいいというのではなく、ポリシー、ビジョンを持って経営している。そこがわれわれ経営者と相通じるところであり、ぼくが彼女を経営者として評価するところなのである。

ぼくも、そのような麻衣子に納得して通っている。

麻衣子に行くのは、会社の管理職や関連会社の社長を連れていくときと、友人と一緒のときと、大切なお客様をお連れするときとがある。会社の者を連れていけば、ふだん行けないところなので、そのうち自分の力でという意欲を生む原動力になる。

また、新しいビジネスのための人間関係をつくるのは経営者の大切な役目だが、オフィスなどで向かい合ってでは建前的な話しかできない。ぼくは飲みながらの雑談の中から有意義な話やヒントが出てき、新たな展開も見られると思っている。同時に、飲むことによってリラックスし、相手の人間性や本質も出てくるのであり、それをつかんでおくことは、その後のビジネスにとって重要なことなのである。つまり、銀座のクラブは、お客様をお連れする恰好の場なのであり、麻衣子はその面でも大いに役に立っている。

このような理由から、麻衣子に代表されるクラブという日本の文化は、これからも続いていけばいいと心から思っているし、これまで日本経済に波乱があってもなくならなかったのだから、間違いなく続いていくと思う。

麻衣子が作るコミュニティ

慶應義塾大学　政策・メディア研究科　特別招聘教授
夏野　剛

銀座の特徴の一つとして、クオリティの高い高級料理店が多いことがあげられる。銀座という限られたエリアに密集しているにもかかわらず、それらの店が常に成り立っているところが銀座のすごい点なのだが、それを支えているのが銀座のクラブではないかと思っている。クラブへ行く前に会食をしたり、クラブの女性と食事をしたりという需要があるから、それらの店も成立しているのではないだろうか。もちろん、それがすべてではないだろうが、高級料理店が成り立つ原動力の一つにクラブがあることは確かだ。クラブが銀座の文化の一面を支えているということである。

その銀座のクラブには、他にはない安心感がある。

二〇〇〇年から二〇〇一年の頃のこと。NTTドコモに勤務していた私は、当時携帯電話でインターネットにアクセスできるｉモードを立ち上げた一人として、顔が少し売れるようになっていた。そんなあるとき、銀座ではないところのクラブに行く機会があった。すると、すぐにインターネットの掲示板に「夏野さんが誰々といた」というようなことを書かれたのである。別に書かれてもどうということはないのだが、不愉快であることは確かだ。それからというもの、クラブと言えばもっぱら銀座である。銀座では、そのようなことをする店もないし、お客もそのようなことをするレベルの人はいない。安心してビジネスの延長の場を構築できる場所なのである。

つまり、銀座の文化を支え、我々が安心して楽しめる場を提供してくれるのが銀座のクラブなのであり、そして、その最高峰が麻衣子だと思っている。

麻衣子には、現在セガサミーホールディングスの会長の里見治さんにお連れいただいたのが最初だ。一九九九年、三十四歳のときだった。それまで銀座のクラブに行く機会などなかったので、物珍しさでいっぱいだった。

以来、iモードで注目を浴びはじめたおかげで、IT関係の経営者や一般企業の方々などとのお付き合いで、麻衣子にお連れいただく機会が増え、徐々に馴染みになっていった。当時、ぼくにとって麻衣子はケータイビジネスのマーケティングの場でもあった。店の女性は、それぞれの世界でトップクラスの方たちと接していることもあり、会話のレベルも高く、また、最新の携帯電話も持っている。店のお客であるビジネスマンのみなさんも同様に必需品として携帯電話を使われている。そのような人たちがどのような使い方をしているのかなど、いろいろなデータを、飲んで楽しみつつ得ることができたのである。

もっとも、ぼくのような若い世代にとって麻衣子は敷居が高く、遠慮があった。ママも、著名な方たちと互角に話すすごい人で、こわい人だと思い込んでいた。ところが、有名無名、また世代なども関係なく、お客の気持ちに寄り添い接してくれる姿に感動をおぼえるのに、そう時間はかからなかった。心地よく、ビジネスの延長としてもプライベートでも、安心して気兼ねなく酒を楽しみ、時には場を盛り上げ、時にはそっとしておいてくれる。こちらが望む空気感を一緒につくりあげてくれるプロなのである。

麻衣子に行くようになると、必ず知っている方とお会いする。仕事では機会がなくても、麻衣子では偶然にお会いできる方たちと接し、交友の世界が広がっていき、いつの間にか、麻衣子はぼくにとって世代を超えた社交場となっていた。みなさん第一線で働くビジネスマンなので、勉強になるし、麻衣子では素顔も見せてくれる。また、四十歳手前になると、麻衣子に顔が利くということは、能力の高いビジネスマンとして認められることだとわかるようになった。たとえば、仕事で銀座で会食すると、飲みにはどういうところに行くのかと話題になる。麻衣子というと、大いに感心されるのである。麻衣子に行っているということがステータスにもなっているということだ。

要するに、ぼくにとって麻衣子は、一つのステータスであり、大人の社交場とはどのようなところなのかを教えてくれた店なのである。

アメリカに留学していたことがある。むこうには、パーティのような社交の場はあるが、銀座のクラブのようなものはない。常にそこにあり、女性がいて、ただし女性目当てではなく、仕事の延長線上として存在する。酒があって、節度が保たれていて、そこに出入りすることがステータスになる一つのコミュニティのようなもの、それが銀座のクラブであり、その中でも麻衣子は非常にハイレベルなコミュニティだといえる。

麻衣子には育ててもらったという感謝の気持ちがある。私もおじさんになってきたので、そろそろ貢献する側にまわらないといけない。こういう文化、コミュニティを存続させていくために、相応の年になったら相応のことをしなければならないと思うのだ。これからは、これまでの借りを少しずつお返ししていこう。

お客さまに寄り添うおもてなしの心

京都女子大学　現代社会学部　准教授
西尾久美子

経営学が専門の私は、人材育成とビジネスシステムの視点で京都の花街の研究をし、『京都花街の経営学』を上梓しました。伝統文化産業の京都の花街には、日本的な「おもてなしの心」があり、それが現代の芸舞妓たちに受け継がれ、一流のサービスが提供されています。そして、銀座の麻衣子をおたずねし、同様のおもてなしの心があることを知りました。

先入観を疑うのが仕事の学者としてはずかしいことですが、麻衣子さんについてある意味でステレオタイプの見方をしておりました。テレビなどで描かれるクラブのようなイメージです。ところが、それが見事に裏切られたのです。驚きました。

京都で舞妓さんをしていた方が麻衣子さんで働いているとお聞きし、一度お話をお伺いしたいと思い、また、銀座で有名な麻衣子さんではどのようなおもてなしをされているのかにも興味があり、知人に連れていっていただきました。

お店は間接照明で夜のホテルのラウンジのような雰囲気でした。混雑しているのに、嬌声やざわめきがなく、お客さまはみなさんくつろいでお過ごしになっています。お店の女性たちは、たたずまいに品と清潔感があり、譬えるなら昭和の頃の映画女優さんのよう、それでいて素人さんじゃないな、という雰囲気があります。言葉遣いも丁寧で、女性の私から見ても、気配りがとても行き届いています。

ママの雨宮さんは、控えめな立ち居振る舞いで、自ら席を巡り、お店の女性たちを引き立てつつ、全体を統括されているご様子でした。麻衣子さんでは、お店の雰囲気、女性たち、そして、ママ、すべてが世にイメージされているクラブとは違っていたのです。

「四十年も続くお店だよ、そしてこのお店を紹介してくれたのは、京都の芸妓さんなんだ」と、知人がそっと教えてくれました。そして、この言葉に、ハッとさせられました。経営学の視点に立てば、先ほどから私が感心していた調度品も女性たちも、目に見えるものは、すぐに他のお店からまねされる対象です。麻衣子と同じような内装にしたり、似たような女性を揃えたりしたお店も、きっとあっただろうと思います。ですからお店が継続するには、それなりの理由、簡単にはまねのできない何かが必要です。それが、お店が醸し出す雰囲気だと、気が付きました。いろいろな要素を揃えただけでは、麻衣子さんにある見えない大切なところを、実現することができません。だから、そのうわべのまねだけでは作り出せない違いがわかるお客さまが、ここには来られている。そう、お客さまが見えない雰囲気づくりに、大きく関わっておられることがわかりました。そして、この見えない雰囲気に価値を感じるお客さま、ママ、女性たち、バックを支えるスタッフの方たちが、麻衣子さんを一緒につくりあげてこられているから、継続につながっているのだと、思い当たったのです。

このような見えないものが文化と呼ばれたり、模倣困難な付加価値と言われたりします。それらはすぐにつくれるものではありません。ですから、それをつくりだす技と絶え間ない努力が必要です。ママは、お店を始められたおりから、場としての味わいづくりを目指されて、それを追求されてきたのだと思います。だからこそ、まねのできない「麻衣子の文化」がつくられてきたのでしょう。

この簡単にまねのできないものをつくりだすために必須のものの一つに、京都花街と共通するおもてなしの心があります。麻衣子をおたずねした時、雨宮さんとゆっくりとお話をする機会を得たのですが、雨宮さんは次のように話してくださいました。

「お客さまが来られる事情はそのときによって違います。頭を空っぽにしたいと思われるときもあるでしょうし、ご接待で大切なお客さまをお連れして、そのお連れさまの真意をはかりたいというときもあるでしょう。また、お友達と一緒に来られてゆっくり楽しみたいというときもあります。お客さまは、そのようなことをいちいちおっしゃいません。ご様子から汲み取って、私どもができる最善の対応をしているのです」と。

まったく同じ意味合いのことを、京都のお茶屋のお母さんから伺ったことがあります。花街は一見さんお断りのところなので、長く来ていただくと、お客さまの体調やお心持ちのご様子も推察することができ、その時々のご様子を見て対応させていただくことができる。ご接待のときは、接待される方を立て、その方がどの芸舞妓が好みなのだろうかとそっと見ておいて、次にその方をお連れになることがあったら、その芸舞妓を呼ぶようにする、というのです。

これが、あえてメニューや価格表を大きく掲げることをしない、日本のおもてなしであり、雨宮さんは、このことを「お客さまの立場に立って」とおっしゃっていました。それは別の言い方をすれば、お客さまに寄り添うということです。

しかし、これはむずかしい。お客さまに寄り添いすぎてもいけません。寄り添いながら入り込みはしない。その加減。麻衣子さんも京都の花街も、そこにいちばん気をつけているのだと思います。だから、いつだれと来ても、お客さまを裏切らない。そういう場所だからこそ、安心してトップエグゼクティブたちが通うのでしょう。組織の中のトップは孤独です。売り上げが思うように伸びなかったり、信頼して部下に任せたのに期待とは違う結果になったりと、トップにとって思うようにならないことばかりです。ですから、裏切られない場所というのは、きっと貴重なところなのでしょう。

お客さまに寄り添うおもてなしは、日本人はとても上手です。たとえば、お寿司屋さんも同様のおもてなしをしています。お客さまのご様子をみながら、それぞれに合うものをお出しして、もてなしのストーリーを組み立て、最後にこれなら納得して支払おうかという値段で終わります。いいお寿司屋さんと呼ばれるところで、そんな経験をされた方も多いはずです。

お客さまに寄り添っておもてなしをする。「持って成す」です。自分の持っているものでできるだけのことをさせていただく。持ってないものでやろうとしたら長続きはしません。おもてなしの場は、必ずしも豪華である必要はありません。居心地のよさをどうつくっていくかが、より大切なことなのです。差し出がましくなく、お客さまの望んでいることに、自分の持っているもので精一杯対応しようという気持ちを、その場を構成するだれもが持つこと、言葉で言うのは簡単ですが、多くの人をまとめるママの存在は大きいものです。

麻衣子さんや京都の花街で実践されているこのようなおもてなしは、日本のオリジナルですから、大切にしたいと私は思います。これらの場所に行くお客さまも、それがわかっているから、その場所を大切にされているのだと思いますし、麻衣子さんの女性たちや京都の芸舞妓さんという現代っこの若い人たちもわかっているから、そこで働くことがステータスなのでしょう。

このような日本的なビジネスの仕組みが麻衣子さんにあるのは、雨宮さんが四十年間以上、絶えず工夫され、努力されてきたからであり、その結果、超一流と言われているのだと思います。

同じ女性として、雨宮さんは笑顔がとても素敵でチャーミングでした。その笑顔は、お客さまに寄り添うおもてなしという、一つのことを大事にして続けてこられた自信からくるものだと思います。雨宮さんの笑顔を見て、私もそのような笑顔が自然にこぼれるような女性になりたいと心から思いました。

銀座でいちばん大好きな、自分の器が鍛えられる場所

株式会社プラン・ドゥ・シー 代表取締役社長
野田豊加

今回、四十四歳の僕が最年少?だそうです。そういえば最近の若い人は、銀座に行かなくなった気がしますね。銀座のクラブというのは日本が誇る文化だから、後世に引き継いでいくべきだと思うんですね。

麻衣子は、素晴らしい社交場です。ママがスタッフを厳選してるから、そういった意味では誰を連れて行っても心配はいりません。あと、オーナーママの店だからこその品格がある。店の佇まいもそうですが、女性も品があって美しい方ばかりです。だから、品のあるお客様が自然と集まってくるのでしょう。

ここに訪れるようになって、かれこれ十年以上経ちますが、黒服の皆さんが長く続けていらっしゃるのもいいですよね。身のこなし、立ち居振る舞いもスマート。入り口にいらっしゃる嶋根さんも、僕の乗ったタクシーがゆっくり近づいていって、ハザードが出る前に

ぱっといらして、「あっ、野田さん！」って声をかけてくださる。多分、予約が入っているのをご存じだからでしょうけど、その気配りはやっぱりすごいと思います。自分もホテルやレストランを経営しているので、どうしたらこんなオペレーションができるんだろうと興味津々で、一度麻衣子ママに自分の社員に研修させてほしいって言ったことがありました。新しく入った人もいるけど、チームプレーが全く変わらない。それは多分、副社長の仙崎さんも良いのと厳選された新しいスタッフ、従来のスタッフも共にすぐれているからだと思う。だから、女性も楽しく働けるんじゃないでしょうか？

もちろん麻衣子の女性たちも、実に品がいい。なぜ麻衣子に品があるお客様が集まるかと言えば、品がある女性を採っているからなんですよね。俗に言う夜っぽい子がいないわけです。女性に品があるからお店にも品が出る。お客様も成金みたいな下品な人はいないわけです。

要は、麻衣子ママの人を見抜く目が確かなんだと思います。例えば、このお客さんを大事にしなさい、っていうのが分かっていらっしゃる。人づてに聞いたうれしい話なんですが、かつて麻衣子ママが「野田さん？　彼は大事にしなさい」と言われたそうです。彼はすごく大きくなると。僕は派手にお金を使うわけでもなく、ほとんど焼酎しか飲まないのに「野田さんはずっとお店に来続けてくれるから、ああいう人を大事にしなさい」と。半信半疑でしたが、今になってみるとうちの会社の規模も当時の十倍以上になっている。本当にそうだ、みたいな。今思えば、ママが話されていたことを聞いて、さすがだと感服します。

一方で、銀座全体に目を向けると、麻衣子に行くお客様が、他の所に行かないということは、麻衣子ママみたいな人が出て来てないんでしょうね。そういう力のある女性が出て来て、もっと銀座が盛り上がっていくといいなあと思います。銀座で一旗揚げてやるとか、ボーイフレンドいなくても、私の虜になったお客さん百人見つけて、独立してやる！　みたいな根性のある女性がもっと集まってこないといけないなあと思います。

ちょっとさみしいのは、通い始めて十年以上経っても、まだ自分が一番若い世代のままだということです。自分よりも若い人たちへと麻衣子の良さを引き継げていないんです。理由は色々あると思います。先輩後輩の上下関係が煩わしいという人たちが増えたり、クラブ以外にも遊ぶところが増えてきたり。あと、マスコミもうるさくなりましたよね。ネット社会になって、だれがどこで何をしているのか、逐一情報が流れてしまうようになった。ぼくはマスコミに出ない主義だし、会社も上場していないからいいですが、もっと若くて優秀で、麻衣子にふさわしい方たちが、昔のようにおおらかに遊べなくなっているのかもしれませんね。

一方で、ホステスさんたちの意識も変わってきていますよね。最近はガールズバーなんてのもあるし、クラブよりももっと気楽に働ける場所がふえてきている。フレックスタイムという感じで。でも麻衣子にいる女性たちは、そういう面からするとすごくまじめ。店の外ではなく、しっかりお店でお客様をおもてなしすることを守っている。本質的な価値で勝負しているんですね。

あるとき、ある女性になぜここで働いているのかを聞いてみたんです。そしたら、ここでしかやっぱり出会えない人がいるから。長く成功し続けている人の話が聞けるのはすごく貴重な経験だと。知的好奇心が旺盛で、向上心があるんですよね。だからこっちも、もっとそういう話ができるようにがんばらなくっちゃと思う。自分の器を試されている感じがあるんです。麻衣子に行って、明日の仕事への活力をいただいている、そんな感じです。

ある知人が言っていました。「麻衣子ママに、お店の子を口説きたくなっちゃうじゃないですか、って言ったら、それはそれで自由にやりなさい。それでも口説けるのは、あなたの力でしょ?」って。いくらお店がダメって言っても惚れさせるかどうかは、あなたの力量次第ってことなんですね。

絶対にお客様も守る、ホステスも守る、みたいなシステムができてるんですよね。口説かれたら女は負けよ、みたいな。お客さん、口説けなかったらあんたの負け。他のを探しなさい、と。まあいろんな面で、麻衣子という店は、男を鍛えてくれる場所なんだと、僕は思っています。

よく頭を下げているなぁ

株式会社講談社　代表取締役社長
野間省伸

麻衣子は、私にとって、「銀座」という場所で、気軽に、気楽に飲みに行ける数少ないお店です。

といっても、一見すると気楽そうではないかもしれません。たまに友人と行くことがあるのですが、「お前、大変だな」といわれるくらい頭を下げているからです。これは麻衣子に行き始めてから今日まで続いていること。

私が、最初に麻衣子の席に座ったのは平成十一年。三十歳のときでした。それまでは銀行員でしたので、銀座のクラブに行くようなことはめったになく、夜の銀座のことはよくわかっていませんでした。ですから、弊社のOBや作家、漫画家の先生たちに連れて行かれるという感じでした。

そんな形で麻衣子に通うにつれ、いろいろなお客さまとお会いし、顔見知りになる。みなさん、年上ですから、自然、こちらが頭を下げてご挨拶することになります。それから十三年、今もって私は若いほうですから、この状態は変わりません。むしろ、知り合いになる方が増えていて、頭を下げる回数も増えているかもしれません。

もっとも、麻衣子にバーカウンターと小さな部屋ができてから、一時期、ボックスがいっぱいのときなど、人とお会いするのを気にしていたわけではなかったのですが、カウンターではなく、隔離されたような小さな部屋で過ごすこともありました。二、三人で飲むときは、けっこう落ち着いたからです。この時以外は、みなさんとご挨拶できるところで飲んでいます。ちなみに、この部屋、冗談で「お仕置き部屋」と私は呼んでいます。こんな言い方をするとママに叱られてしまうかな。

ともかく、麻衣子では知り合いの方によくお会いし、その度に頭を下げます。だから、傍から見ると、ちっとも気楽そうに見えない。しかし、私にとって面倒なことでも苦痛でもなんでもないのです。むしろ、麻衣子でしかお会いできない方など、異業種のいろいろな方と知り合いになれ、そのように交友が広がっていくのは、楽しいものです。これは麻衣子の大きな魅力ではないでしょうか。しかも、仕事とは関係がない人たちとのお付き合い。だからこそ、頭を下げていても気楽なのです。その上、みなさん、安心してお付き合いできる方ばかりで、この客層の良さも、気が楽な一因です。

このようにお客の層がいいのは、ママがしっかりしているからです。四十年間も繁盛してきたのも、ママがしっかりしているからでしょう。

その麻衣子に行くのは、大体どこかで食事をしてからで、すでにお酒も入っているため、高級なお酒を飲んでも、そんなに味わえないので、麻衣子ではもっぱら高くないウイスキー。あまり上客とはいえないかもしれませんが、弊社の社員が若い作家さんをお連れして、私のボトルを飲んだり、友人が、同様にボトルを勝手に飲んだりといったこともあるので、少しは売り上げに貢献しているかなとも思っています。

私は、何軒もハシゴするタイプではなく、麻衣子ではゆっくりと過ごします。麻衣子は、美人、あるいは、かわいい女性を揃えているといわれていて、実際そうだと思いますが、私自身、正直、そういうことにはこだわりません。ウイスキーを飲みながら会話を楽しむほうです。特にお店に長くいる女性とは、けっこう会話がはずみます。会話が楽しければ気楽な気分になり、お酒も進み、よいひと時を過ごすことができる。ママもそれを理解していて、そういう女性を席に付けてくれます。

もちろん、ママとも話します。私は年下。ママはやさしいお姉さんという感じで、いつもかわいがっていただいています。それにしてもママは変わりません。小さなグラスで飲んでいる、ママ専用の飲み物に、若さを維持する不思議な薬が入っているのでしょう。

麻衣子が麻衣子であるのは、ママが元気でしっかりしているからこそ。これからも、せめて私が六十歳になるくらいまでは、頑張っていただき、これまで通りの、気軽に、気楽に飲みに行けるお店であってください。

そのころになっても、諸先輩方もお元気で、私は相変わらず頭を下げているかもしれませんね。

「麻衣子」が実践してきたこと

ヒゲタ醤油株式会社　代表取締役社長
濱口敏行

この競争の激しい、経済の変動に左右される激動の業界の中で、半世紀に近い歴史を刻まれた事にまず、拍手喝采です。

私の「麻衣子」さんとの出会い、そして私にとって「麻衣子」さんというお店は何なのかについて、思いつくままに記させていただきます。

私はもともと兄の仕事の関係もあり、「グレ」の創業期からのお客でありましたが、担当が「麻衣子」に移ったのがきっかけで、約十五〜十六年位前でしょうか、初めて伺ったのが、ご縁の始まりです。知らないうちにもう随分と長い月日が経っているのを感じ、感無量です。私は創業期からのお客ではありませんが、この十数年の間、お店を拝見してきて、一番感じるのは、このお店には「ブレ」がない、つまり基軸がしっかりとしているという事です。サービス、価格、品質、雰囲気等すべてが揃っており、つまりマーケティングがしっかりしているという事です。それは、ママと男性スタッフ、そして女性スタッフが一丸となって、毎日努力して初めて達成できる事です。

ある外食産業の社長が、前にこんな事をおっしゃっていました。サービス産業というのは、砂の上にお城を作るようなもので、いくらよい城をつくっても、一日ですぐに波に洗い流されてしまい、また作り直す、その連続が必要で、一日でもそれを怠るとビジネスが崩れてしまう。この単純な作業の連続が必要なのだと伺いましたが、成る程と思うと共に、このお店こそ、それを実践しておられると感じました。

雨宮ママはいつも全く変わらず、美しく、しとやかで、やさしいサービスをすべてのお客様に提供されておられます。ご自身のたいへんなご努力で、よいお店を保たれると共に、その長い歴史の中で、多くの男性スタッフそして女性スタッフを教育されてきたのだと思います。

私の担当だった人に進藤彩さんという方がいます。彼女は何年も麻衣子でダントツ・ナンバーワンをつとめた後、独立し、今は銀座で「クラブあや」というお店を立派に切り盛りしておられます。その彩ママの口癖は、「私は雨宮ママからすべてを習い、感謝していると共に、大変尊敬している」という言葉です。

ブレないお店、その中で私共客は安心して、偶にではありますが、少しばかりの時間を快適に過ごし、そして日頃のいやな思いや、ストレスを忘れて、また次の仕事への活力につなげていきます。ここは、誠に東京という「都会の中のオアシス」なのです。

「麻衣子四十周年」本当におめでとうございます。

雨宮ママにお願いしたいのは、これからもお体に気をつけられ、このすばらしいお店を末永く続けていただきたい事です。

絶対の競争の香り

霞エンパワーメント研究所 代表
早川吉春

麻衣子は〝絶対の競争の香り〟がする店である。

マーケティングが専門の嶋口充輝慶應義塾大学名誉教授は、かつて「二十一世紀のビジネスは相対から絶対の競争へ移りつつある」と語られた。相対の競争というのは、ライバルを叩く、マーケット・シェアをとる、コスト競争をするというような、アメリカ的なビジネスを展開することである。一方の絶対の競争とは、顧客が喜び、満足するように、本物の技術などで自らの商品やサービスの価値を高めていくことによって、競争を勝ち抜いていくというものだ。サントリーの「ザ・プレミアム・モルツ」などは、真に絶対の競争が生み出したその一例だろう。単に宣伝広告の香りのみ漂うビールとは、一味も二味も違うのである。

恋愛でいえば、惚れた女性に付き合っている相手がいたら、そのライバルをたたきつぶすのが相対の競争。そうではなく、自分の魅力を高めて、自分のことを好きになってもらえるように努力するのが絶対の競争ということである。

私が麻衣子に行くようになったのは十年ほど前。回数が多くなったのはここ五、六年のことだが、この間、特に強く感じたのは、麻衣子のお客様は、経営者、文化人、政治家など、分野は違っても、この絶対の競争を体現されてきた人たちが多いということである。お客様も互いにそれを感じているのではないだろうか。お客様の様子を見ていると、名刺交換などすることはないが、ちょっとした会釈のときのまなざしで、絶対の競争をくぐり抜けてきた者同士が、互いに好感を持ち、尊敬しあうという雰囲気を感じるのである。

このようなお客様が麻衣子という店の香りをつくっているのだ。

これは、ママが絶対の競争をされてきたお客様を大切にしてきた結果だと思う。そのために、たとえば、店の女性の採用の仕方、育て方などにも、ママは気を遣っているのがうかがえる。店によっては、女性が互いに足を引っ張るということが少なくないのだが、麻衣子の女性は、そのようなことはなく、皆仲がいい。そして、互いに切磋琢磨しながら、お客様とともに成長していくという女性が多いのである。

つまり、麻衣子の女性たちも、ライバルを叩くというような相対の競争ではなく、常に自分自身を磨き、その魅力を高めるという絶対の競争をめざしている女性といえよう。

そのような女性たちがつくる雰囲気が、絶対の競争をされてきたお客様たちとうまくマッチするのではないかという気が、私はするのだ。その結果として、絶対の競争をくぐり抜けてきた皆様をひきつけ、麻衣子を絶対の競争の香りがする店にしているのである。

ところで、この絶対の競争をめざして正面突破していく経営者の集まりに「シルバーオックス会」というものがある。別に「シルバーフォックス会」というものもあるのだが、その兄弟会のようなものとして、私が入会資格審査委員長兼事務局を務め、平成二十二年に今日のかたちが誕生した。『互いに大いに刺戟し合い、パワー&リスク・バランス感覚の確立をめざして自己を磨き上げるとともに、シルバーオックスのように、いかなる困難をも突破する野性的な行動力があり、激しくもしなやかで研ぎ澄まされた感性と気品を持つ人間形成をめざす』という集まりで、その要綱をメンバーとともに近くのすし屋で考え、麻衣子に席を移して結成したのである。絶対の競争をめざす経営者の会が絶対の競争の香りがする店、麻衣子で生まれたということであり、これほどふさわしい場所はないだろう。会合は年に数回あり、そのうちの一回は必ず麻衣子で行っている。

私が麻衣子を利用するのは、このような会合や講演をお願いした先生方をお連れしたりということが多いが、そのほか、一人で行くこともある。そのときは、ぽつりとカウンターで過ごす。私は時空を超える雰囲気の、このカウンターが好きだ。

私は三十年ほど前からよく六本木を利用していたが、六本木の女性と銀座、特に麻衣子の女性との楽しみ方には違いがある。当時の六本木の女性とは、こちらが手のひらで遊ばせてあげるというような楽しみ方で、一方の麻衣子の女性とは、きちんと会話を楽しむことができる。ママは、そのような会話ができるすばらしい女性を揃えているのである。

もっとも、いくら会話が楽しくても、私は長居することはない。銀座で飲むとき、この点に気をつけているのだ。若かりし頃、企業のトップの方に銀座によく連れて行っていただいたが、そのとき、「早川、一つの店に三十分以上いるな、それが銀座の流儀だ」と教えられた。以来、さすがに三十分ということはないが、長居をしないよう心がけているのである。いくら居心地がよくても、混んできたら席を譲り、立つ鳥跡を濁さずで交代すればいいのだ。麻衣子のお客様はそのへんもわきまえている方が多い。

これからも、先達の皆様から教えていただいたこの流儀を守って、麻衣子で絶対の競争の香りに浸りたいと思っている。

品性という根をはって咲いた花

歌舞伎俳優
坂東三津五郎

麻衣子にちょくちょく行くようになったのは、ここ十年のこと。歌舞伎の先輩たちや、遠州茶道宗家の家元、小堀宗実さんとご一緒することがよくあります。小堀さんとは同じ幼稚園に通い、私が一つ先輩という関係でした。親同士のお付き合いもあり、大人になって日本文化の後継者が集まって勉強する場で何度かお目にかかり、ともに二〇〇一年の一月に私が三津五郎を襲名、小堀さんが家元を継承してから、二人で麻衣子に行くようになりました。

また、今日はたまたま一人だが、行ってみたいというときもあります。そんなときは、ボックスには座りません。どこの店でもそうですが、一人でボックスに座るのは、かなりはずかしいですから、バーカウンターです。こういうときにあそこのバーカウンターは重宝します。

今回、開店して四十年になるというので、麻衣子の魅力を改めて考えてみました。思いつくままあげてみると、ママの人柄と教育、お店の女性、安心感などがあります。微妙な広さも忘れてはなりません。麻衣子の不思議な空間とでもいいましょうか。そして、品性です。

まずママですが、銀座の花といっても、毒々しくなく、ほんとうにきれいで、やわらかく、フワッとしている。そのママの教育がきちんとしているのでしょう。女性たちもしっかりしています。私も弟子がいますが、なかなか人に強制することはできないものです。むしろ人は、見ていて、こっちのほうがいいなと、自分で判断するほうが、力がつきます。そういうことが、お店の人たちの姿勢にうまく浸透しているからこそ、みんなしっかりしているのではと思います。

お店の女性たちは、向上心のある人が多い。イタリアへ留学したいからお金をためているという学生がいたり、フランスでオーボエを吹いていたが、日本に帰ってきたから篳篥《ひちりき》を習いたいというような、けっこうおもしろい女性がいたりします。客層も含めての安心感も居心地のよさの一つでしょう。

そして不思議な空間。麻衣子は、いかにもクラブというような広さではなく、個人の家の広い居間でくつろいでいる感じです。照明もそれほど暗くない。女性のアラが目立たないようにかどうかはわかりませんが、クラブはけっこう暗い店が多いのに、麻衣子は比較的明るいので、よけい居間のような感じがするのでしょう。

そして、あまり広くないため、すぐ近くにほかのお客がいらっしゃる。だから、目に余る飲み方もできない。広くもなく、狭くもないあの不思議な空間がそのような雰囲気をつくっているのかもしれません。もちろん、夜飲むのですから、にぎやかに楽しく飲むのでしょうが、あまりばかなことをすると、あの空間の雰囲気と合わないなと感じてしまう。お店に強制されるわけでもないのに、お客自身がそれを考えてしまうような、独特の空間なのです。

このような魅力が総合して、自然にかもし出されるのか、あるいはこれらの魅力に加えてなのか、どちらかなのだと思いますが、麻衣子を語る上で欠かせないのが品性です。

たとえば、ノルマがあるから同伴してほしい、誕生日だから来てほしいというような頼みごとを麻衣子の女性からされたことはありません。ママの教育なのか、私に魅力がないからなのか?は分かりませんが……。

麻衣子は、おごらない、ねだらない、おもねらないのです。

これは銀座ではむずかしいことです。というのも、誤解を恐れずにいえば、クラブのような商売は、結果的には、すがって生きているものなのですから。麻衣子はそれをしないで通していて、それがお店全体の品性となっているのだと思うのです。

私たちも、どのような役を演じても、舞台姿には芸品がなければいけないと、うるさくいわれます。同じ事をやっても、品がある人とそうでない人がいます。その違いはどこから来るのかと、私なりに考えると、自分に満足して、周囲に自分を見ろと思ったとたんに芸品というのはなくなるのではないかと思うのです。自分よりまだ上がいる、まだ親父にはかなわない、まだ師匠にはかなわないと思って、上を向いて進んでいる人に品性というのは宿るのではないかと、私は思います。まだまだという向上心です。

歌舞伎の世界のことが麻衣子にあてはまるかどうかはわかりませんが、四十年、麻衣子は、この向上心を持ち続けたのでしょう。

いずれにしても、麻衣子の品性は見せかけのものではありません。あのような品性は、ちょっと品よく飾ってみようとか、品よく接客しようとかいうような形で簡単にあらわれるものではないのです。

あだ花のようにパッと咲いて消え、実を結ばないお店も多いでしょう。私たちの仕事は地方に行くと毎日ホテル泊まりなのですが、外見が立派でも、マニュアル通りで心がこもっていないところがあり、そういうホテルはすぐにわかります。お客はそうでないところを選び、心のこもっていないところは、いずれ消えていくのです。役者でも、まずしっかりと根をはって、それから咲いた花は枯れませんが、根づく前に花が咲いてしまった役者はすぐに散ってしまいます。

麻衣子は、向上心を持って目に見えない品性という根をしっかりはってきたので、枯れない花が咲いているのではないでしょうか。そこが麻衣子をオンリーワンたらしめているのです。

麻衣子には今の状態を維持してほしい。現状を維持することで大切なのは、品性を保つことと同様に向上心です。時代は川の流れと同じように常に流れています。ただ立っているだけでは時代の流れに取り残されてしまいます。向上心を持って前に向かって進んでいないといけないのです。それでようやく現状維持ができるのです。麻衣子のママは、それを続けてきたからこそ、お店の今日があるのだと、私は思っています。

中部藤次郎氏と麻衣子、そしてコースターの字

塩水港精糖株式会社　代表取締役会長
久野修慈

麻衣子について語るには、大洋漁業の社長だった中部藤次郎氏のことから始めなければならない。

藤次郎氏は大変な銀座通で、銀座をこよなく愛し、銀座一の遊び人だった。銀座の人に金は使うが迷惑はかけないというのが彼の考え方だった。私は専務として彼のお供をし、銀座のほとんどのクラブに行った。だから、姫にいた頃から麻衣子のママを藤次郎氏も私も知っていて、麻衣子が開店してからは、一緒に麻衣子に通ったのである。鉢巻をしてカウンターに入り、ウイスキーをつくっていた藤次郎氏の姿は今も忘れない。歌舞伎役者のようだった。

その藤次郎氏の運転手に佐藤さんという人がいた。藤次郎氏は、銀座、そして麻衣子で遊び、佐藤さんの運転する車に乗って帰るという日々だった。その佐藤さんが定年退職す

るとき、藤次郎氏は「銀座で長いこと待っていてくれたから、銀座で送別会するよ」と、彼の送別会を麻衣子で催した。そのとき、ママが立派な置物を記念品として用意していた。そして、それを佐藤さんに渡すとき、ママは「私のお店がここまで繁栄してこられたのは、あなたが朝の四時まで社長さんを待っていてくださったおかげです」といったのである。銀座という街を愛した社長を、佐藤さんは同様に銀座という街に深い思いを持ちながら待っていたと思う。その気持ちを麻衣子のママはわかっていて、そういった。これが銀座のママの本質的な心構えである。

このときのことを私は一生忘れない。それぞれの心がつながっていたような気がしてならないのである。

麻衣子を愛した藤次郎氏は六十二歳で亡くなった。ガンだった。ふつうだったら半年しか生きないといわれていたが、二年間生きた。入院していることをだれにも秘密にしていたのだが、たまたまママがそれを知り、銀座の寿司などを持って見舞いに来て、「藤ちゃん、元気になってよ」と励ます。それを聞くと、不思議なもので、藤次郎氏は元気が出てくるようだった。麻衣子の女性たちもときどき食べ物を持ってきて、藤次郎氏に活力を与えた。電話で彼女たちと三十分も話すこともあった。そうすると精神的に安らいで、「久野君、悪いけど、今日も麻衣子に行ってくれよ」といってから眠る。私は社長に代わって麻衣子に行っていた。

　私の大学の先輩だったある企業のオーナーで、麻衣子を愛した人がいた。その人が亡くなる一ヵ月前のことだが、私が麻衣子に行くと、その人がいて、私と話をした。ご本人は一人で来て、人生の思い出を心に刻んで、死んでいったのではないかと思う。それくらい麻衣子には安らぎがある。彼にとって、麻衣子は愛した自分の家のようなものだったのだろう。そして、藤次郎氏にとってもそうだったのではないだろうか。

　私は、藤次郎氏を引き継ぐことが、自分を育ててくれた人に対する恩返しと思い、今日まで麻衣子に通った。麻衣子が店を拡張したとき、いちばん奥の部屋に座ったのは、私が最初だったと思っている。たぶん銀座のクラブに行っている回数では私がナンバーワンかもしれない。一年で三百六十五日行ったこともあるのだから。麻衣子に行ったのも最高回数ではないだろうか。横浜大洋ホエールズの球団社長を務めたときは、選手たちを連れて行ったこともある。

　いろいろな人とあそこで飲んできた。銀座は有能なビジネスマンの交流の場だったと、今思い返すと、そう思う。お互いに成長して、社会に貢献しようという感じだったのではないか。まったく知らない分野の人と名刺交換をしても、すぐに打ち解けて、お互い知っているような感じになるクラブ。そんな雰囲気だった。自分の利益になるというのではなく、そこでいろいろな人に会い、自分の力をつけ、お互いに心の励みになるという場。今はそのようなクラブはあまりない。そういう面では、麻衣子は文化財のようなクラブである。

麻衣子にはいろいろな立場の女性が働いている。そういう立場の人の話を聞くことも一つの学問だと私は思っている。また、彼女たちは麻衣子で働くことに誇りを持っている。店に対する不満など聞いたことがない。それは、お客が優れていたということも理由の一つとしてあるだろう。各界のリーダーを務めた人が、麻衣子を愛しながら、優しく女性に対していた。そういうお客と接することができる麻衣子に自分も勤めていて感動するのだろう。そして、自分も研鑽する。そういう形で麻衣子の女性たちは育っていったのではないだろうか。

店のスタッフにも触れておきたい。一人、忘れられない人がいるのだ。玄関の車番をしていたショウちゃん。未婚で、五十歳近くで亡くなったが、まじめですばらしい人だった。店に対するお客の信頼がどこから来るのかということになると、玄関先から来ると思う。お客を玄関で迎える彼の姿は自然体で、誠心誠意、よく来ていただきましたという雰囲気があった。それから、ピアノを弾いているジョージ先生やバーテンダー。この人たちも今も昔も変わらず、お客を自然に受け入れてくれる。あの人のピアノをいちばん長く聴いているのは私なのではないだろうか。クラブというのは、こういう人たちによって雰囲気がつくられ、信頼が得られるものなのである。

この人たちをママは重用した。麻衣子が繁栄している理由は、この人たちを大切にしているところにあるともいえる。

それにしても、会社の経営もクラブの経営も四十年間続けるというのは大変なことだ。経営者が自分に厳しくないとやっていけるものではない。麻衣子のママは自分に厳しい。クラブや料亭をたくさん見てきたが、続くか続かないかは、ママや女将の自己管理能力による。ママはそれを強く持っている。

もちろん、女性たちにもママは厳しいだろう。しかし、ただ厳しいだけでなく、正しく評価もしていると思う。四十年の間には、儲かるときも儲からないときもある。その中でママは一貫して女性たちの生活を保障してきた。不景気だからといって、女性たちのペイを下げるなどということはしないで、厳しいときは自分が負ってきたのだ。それを四十年間貫いてきたと、私は思っている。他の従業員に対しても同様だろう。これを可能にしたのは、ママが、麻衣子に来ている一流のお客のモチベーションを自分のものにして、経営に取り組んできたからではないだろうか。

そのママは、店ではあまりしゃべらない。長いこと見ているが、自己主張は絶対しない。

そして、お客の話を上手に聞く。これが客商売の基本だ。また、挨拶の仕方から座り方まですべてがすばらしい。天性のものだと思う。

彼女の銀座のママとしての生命力を感じた一人に私の亡き友人で写真家の秋山庄太郎氏がいた。

店で使っている麻衣子というコースター。あれは、ママが麻衣子をオープンしたときに秋山氏が書いたものだ。女性のすばらしい面を写真で表現してきた秋山氏は、女性に対する観察眼は鋭かった。その彼が麻衣子のコースターを書いたということは、ママの生命力を感じ取って、この人は、と思って書いたのだろう。あの字を見ると、このクラブの繁栄への期待と間違いなくそうなるという確信が感じられる。また、店に賭けるママのモチベーションをあの字の中に表現している。燃えているのだ。だからこそ、ママもあのコースターを自らの、心と身体の一つとして大切にしている。

最後にママにお願いがある。昔常連だった人がリタイヤして年に一回しか来なくても大切にしてほしい。そういうお客がいることが、麻衣子の歴史と伝統を守ることになるからだ。ママはそれを熟知している。だからこそ、たとえ半年に一回、年一回になっているお客でも、自分の店を愛した人はとても大切に扱っている。これが重要なのだ。これが麻衣子の歴史を続けることになる。ママはそれを実践してきているのだが、一生それを続けてもらいたいのである。それが銀座であり、麻衣子ではないかと思う。

コンプライアンスも大切だが、復興、発展に男達が堂々と熱く燃えぬく麻衣子、昔の銀座に戻ってほしいものだ。

経営者として忘れられない日をたまたま麻衣子で

株式会社スタートトゥデイ 代表取締役ＣＥＯ
前澤友作

今年の二月、思い出に残るうれしいことがありました。バレンタインデーです。麻衣子にいつもお連れいただいているユナイテッドアローズの重松会長と、この日に麻衣子でというお約束をずいぶん前にしていました。当社はアパレル中心のショッピングサイト「ZOZOTOWN」を運営しているのですが、ほんとうに偶然、その日に、東証一部上場が承認されたのです。

この記念すべき日に、二〇〇四年からのいちばんのお取引先である重松会長と麻衣子にご一緒できたこと自体、感無量という感じなのですが、お店ではバレンタインデーということでチョコレートをたくさんいただいた上に、ママをはじめ、みなさんに上場のお祝いもしていただきました。とても幸せな気分になれた夜でした。

麻衣子には三、四年前、家族ぐるみのお付き合いがある、麻衣子の常連のある女性に連れていっていただいたのがはじめで、有名なクラブなので、入りづらそうかなと思いきや、こぢんまりとした空間に穏やかな空気が流れていて、ものすごく過ごしやすく、私にとっていいお店でした。それからは、麻衣子によくいらっしゃっていた重松会長ともっぱらご一緒しています。

私はまだ新参者。年齢も三十六歳で、いつ行っても麻衣子では最年少。他のお客の方からはへんな若造がいるというように思われているのではないかと心配しています。どのようなシステムなのかもよくわからないで、今のところ、重松会長についていっているという感じです。重松会長からあっと驚くような著名な方をご紹介いただき、感謝していますが、そのような出会いも麻衣子だからこそあるのではないかと思います。そして、経営者にとって人と人のつながり、信頼関係が大事であるということを体感できる場でもあります。ママはおいくつなのでしょう。正直、五十歳前ではないかと勝手に思っているのですが、いつも着物で、オーラを発しています。お店に着物を着た女性が何人もいても、オーラで、あの人がママだとだれでもすぐわかるのではないでしょうか。

女性たちはみなさんいろいろなことを広範囲にしっかりと勉強している印象を受けます。いつも重松会長はシャンパン、私はワインなのですが、ワインについてとても詳しいですし、ビジネスの話でもきちんとついていてきてくれ、逆にこちらが新しい情報を聞かせてもらうということもあるほどです。

それに、女性のみなさんがつけているアクセサリーもいいもので、見るのが楽しい。特に時計が好きで、このブランドは何で、値段はいくらということまでだいたいわかるので、つい見てしまうのですが、みなさんいい時計をしています。さすが麻衣子の女性といった感じです。

私は六本木に行くことも多い。若い経営者が集まると、そうなるのです。銀座でも飲むようになって気づいたのは、両者はまったく違うということです。一言で違いを言えば、銀座は社交場で、六本木は遊び場です。銀座では、マナーをはじめいろいろなことを教わるし、一流の方を紹介していただきます。まさに社交場なのです。それに大人の遊びの余裕を感じます。私にとってどちらが居心地がいいかというと、銀座です。そして麻衣子は格別居心地がいい。

これからもっともっと麻衣子を知り、自分がホストになって接待で使えるようになりたいと思っています。

幸せなことに、四十周年の記念の本に私の名前が残ることになりました。これからは五十周年の記念の本にも出られるように、経営者として頑張りますので、ママも麻衣子のみなさんも頑張ってください。

竜宮城

株式会社チッタ エンタテイメント 代表取締役社長
美須孝子

まるで竜宮城のようなところ——これが私の麻衣子に抱いた第一印象でした。お店の中はスタイルの良い美女ばかり。彼女たちが席を巡る様子は華麗なファッションショーを見ているようでした。

この印象は今も変わりません。彼女たちのファッションを見ても、とても洗練されていて、男性のお客様はただ華やかという印象しかお持ちにならないかと思いますが、女性の私は、「あのドレスはディオールのものだわ、夏物がもう手に入ったのかしら」というところまで興味を持ってしまいます。ママの雨宮さんの着物姿も格別です。季節に合わせた色柄使いや帯、帯締めに至るまで心憎いまでのお洒落を楽しむ遊び心は、ママならではのもの。こんな方たちが、心のこもったおもてなしをしてくださるのですから、銀座の竜宮城としか言いようがありません。

雨宮さんは覚えていらっしゃらないかもしれませんが、麻衣子を始められる前にも、銀座で何度かお見かけしたことがあり、とてもきれいな方という記憶がありました。それから時がたって、今から二十年くらい前に、お友達に連れていっていただいたのが麻衣子でした。そのときの雨宮さんの感じがとてもよく、すぐにお友達になり、それ以来うかがわせていただいています。たとえばわが家の特別な日、息子の誕生日、卒業祝、入社祝などには、「竜宮城へ行こう」と、麻衣子で過ごすようになり、息子も「そろそろ竜宮城へ行きたいな」とたまにつぶやきます。

ほかに接待で、よくお客様をお連れします。美女が揃っているのですから、お連れしたお客様も楽しく、竜宮城へ行った浦島太郎のような気分になるのではないでしょうか。もちろん、単に美しい人が多く、華やかだからという理由だけで、大切なお客様をお連れするわけではありません。雨宮さんの心配りをとても強く感じ、安心してお客様を接待できるという理由があります。

たとえば、今日はお客様が外国人だから、言葉が話せる女性を、ゆったりしたそうな雰囲気だったら、そのような雰囲気をつくれる女性を、というように、その時々に合わせて、適切な対応をし、「今日はこの女性がついてくれてよかった」と思わせてくださる。絶対にそうだと思うのですが、これは雨宮さんの心配りなのです。雨宮さんの頭はいつもコンピュータのようにスピーディに回転していて、それぞれのお客様に最適の対応をされているのではないでしょうか。一見、お姫様のようにおっとりと口をきき、ほんわかとした感じですが、頭の中はフル回転しているのかもしれません。そうでないと、四十年もの間トップの座を続けてこられなかったのではないでしょうか。でも、それを表に出さず、いつも優雅にふるまっていらっしゃる。おそらくご自身の生活もとても優雅なのでしょう。

また、雨宮さんからはオーラも感じられます。

私は、仕事で嫌なことがあったりして落ち込んだときなどにも麻衣子のドアを開きます。あそこは私のパワースポットでもあるからです。楽しく飲んで、「パワーをちょうだい」と、ママに触らせてもらうと、元気になってしまう。そういうオーラが彼女にはあるのです。

このように、仕事でもプライベートでも麻衣子で過ごす女性は少ないのではないでしょうか。実際、お店の方に、「ボトルを持っている女性は孝子さんのほかに二人くらいしかいません」と言われたことがありますが、私はそれほど抵抗は感じません。前社長である母に学生の頃から銀座のバーなどに連れていかれていたからです。

これは祖父が母にしたことでもありました。わが社の創業者である私の祖父・鑛は、お客様に喜んでいただくことをモットーとしていたので、エンタテインメントの真髄を習わせる教育の一環として、銀座のような世界も見ておいたほうがいいと、私の母・君江を連れていき、同様に母が私を連れていっていたのです。

私も祖父の信念を受け継ぎ、お客様に徹底的に楽しんでいただきたいという思いがあります。麻衣子に行くと、お客様にどのように気を遣っているのか、私があそこで楽しいと思うのはどういう点なのか、あれはとてもよかったので、私もここはこうしよう等々、いろいろな面で参考になり、自然に体で吸収しているようです。雨宮さんは、私のパワーの源であるとともに、エンタテインメントの教材でもあるのかもしれません。

その雨宮さんはいつまでもほんとうにお若い。おそらくいつもお飲みになっているあの彼女専用のドリンクに秘密があるのではないでしょうか。あのシークレットドリンクの中身をいつか教えていただきたいのです。

したくてできないお祝い

みのもんた

麻衣子で思い出すのは亡き父のことです。どこかへ行こうかというと、「麻衣子さんだね」というほど、麻衣子は父のお気に入り。帰るときに車に乗ると、ママが送ってくれる。窓を開けて握手する。そこまではいいのですが、車が動き出しても、父はママの手を離さない。それほどママのファンでした。これは父が五十代、ぼくが二十代の頃のことですが、この頃は、ぼくはまだ文化放送のサラリーマンで、それほど行ける身分ではありませんでした。四十になりフリーになって、自分の力で通えるようになってからは、父とよく行きましたし、母も行きました。今は、せがれたちを連れていくのですが、彼らのほうがもてるのが、ちょっと許せない。

そんな麻衣子に初めて行ったのはママがお店を出してすぐ。文化放送の駒井さんというプロデューサーが、「オープンしたばかりの店があるから」と連れていってくれたのです。

ママは、お世辞ではなく、笑顔が素敵な人でした。その笑顔の素敵さは四十年たった今も同じ。まさに奇跡です。

ぼくも、その笑顔を見に、四十年通うことができました。ママの魅力、お店の魅力で通っていたので、これだけ長く続いたと思っています。

ママのもう一つの魅力は着物です。帯一つ、紐一つとっても、どれも見事ですし、着付けも違う。ほかの銀座の女性の着方とは違っていて、襟元、胸元がくずれないようにしている。それを見るのが楽しみなのです。昭和四十年代の銀座の一流店のママも、着ているもの、アクセサリーなどはピカ一でした。目の保養になったものです。今は、さびしいことですが、そのようなママは少なくなりました。だからこそ、麻衣子のママに会うのが楽しみなのです。

一方、お店の魅力といえば、みなさんおっしゃるのは、お店のつくり、飾られている花や額のすばらしさ、スタッフの態度の三つ。よく父と話していたのですが、これらに加えて、お客の好み、癖をママが見極め、徹底的にお店の女性やスタッフに教育していること、これがあるとぼくは思います。だから、お客を不快にさせる行儀の悪い女性はいません。たまにいても、次のときにはもういません。

ピアノの先生もいい。行くとぼくの好きな曲で迎えてくれる。それがうれしいのです。

カウンターにいるチーフも、あのお店の魅力の一つ。銀座で古い人ですが、グラスの洗い方一つとっても丁寧で、気持ちいい。

そんな麻衣子にいる時間は長くて一時間くらい。その間、とにかく楽しく過ごします。お店の女性が笑って顔がしわだらけになったのを確認してから帰る。ぼくのところには飲める女の子がつくのですが、ぼくと同じペースで飲んでもらうので、二人くらいは立てなくなっています。もっとも、ママは飲まない。いつも毒マムシみたいなものを飲んでいます。

それにしても、以前は銀座にはオーナーママがたくさんいましたが、今は少なくなりました。ですから、お店を成功させている麻衣子のママは、銀座でも貴重な存在です。昔、そのママのことをお店の女性の一人が、銀座のサクセスストーリーだと言っていました。遅くなって、ちょうど帰り道だからと、ぼくがその女性を送ってやったときのことです。彼女は当時ママが住んでいたマンションの近くに住んでいたので、帰り道にママのマンションの下を通る。ママの部屋は最上階。「明かりがついていて、一階の駐車場にママの車があれば帰っているの」といい、彼女はマンションを見上げていました。「私もママのようになりたい」と憧れていて、「ママはサクセスストーリーだ」と言ったのです。

それから、ぼくもそのマンションの下を通ると、思わず明かりと駐車場をチェックしてしまったことがありました。

彼女が憧れるのも当然。お店もママも一流の上に「超」がつきます。そのママと、ぼくは一つ約束をしている。どこか行こうじゃないかという話になって、ママが「京都に行きたい」というので、「ならママが六十になったら、還暦のお祝いに行こう」となったのです。それからずいぶんたちますが、ママはいつまでたっても六十になりません。「もうなったろう」というと、「もうすぐね」。「早くなってくれよ」といっても、「もう少しよ」と、未だにママは六十前。

この、いつまでも六十にならないのがママのすばらしさです。ぼくとしては早く六十になってほしいのですが、これからも「もうすぐね」が続くでしょうし、それが何よりです。ぼくも、これから先、できるだけ長く、「まだならないの」と、ママに聞き続けられれば、幸せです。

「夜桜と月」オリジナルプリントに込めた想い

写真家
宮澤正明

当時は、まだ若くて生意気だったと思う。

銀座には大人の男の夢やステータスが存在し憧れていたし、その雰囲気が好きだった。当初は右も左も判らず先輩方に誘われるままにいろいろなお店に喜んでお供し、その独特な社交界にワクワクしていた。

二、三年もすると連れて行かれた幾つかのお店にも顔なじみになり、ようやく銀座の空気にも馴染んだ頃、連れて行かれるばかりではなく、自分だけの行きつけのクラブを持ちたいと思うようになった。あるお店でその話を何気なく話したところ、「銀座といったら『麻衣子』よ」と言われた。もちろん、「麻衣子」の名前は知っていたし銀座でのステータスの高さも把握していた。さすがに自分にはまだ敷居が高いと感じていた。ところが、幸いなことにそのお店のママが「麻衣子」の雨宮ママと交友があり、後日彼女の紹介で多少躊踏しながら「麻衣子」の門をくぐることになる。それはまるで初心者がいきなり黒帯になるような気分だった様に記憶している。

今から二十年ほど前、三十歳を過ぎた頃だった。これが「麻衣子」との出会いとなった。初めてのときは正直なところ緊張した。お客さんの層が他の店と格段に違っていたせいもあったかもしれない。政財界など自分とは縁遠い世界の方々が多く来店され、気負うものがあったのか着て行く服装などにも気を遣った。しかし年齢や仕事柄を差し引いても自分の存在がかなり浮いている感が拭えず、なにかの折雨宮ママに自分の気持ちを率直に伝えてみた。するとママは微笑みながら「全然気にしなくていいわよ、うちは作家の先生や芸術家や役者さんなどいろんな方々が来店されるからあまり気になさらず、利用してね、若い風も銀座には大切なの」と温かく迎えてくれた。誰にでも分け隔て無く優しく接して頂き嬉しかったが、当時から世代交代も踏まえた「銀座」の将来も気に掛けていらっしゃる気持ちを垣間見て深く感銘を受けた。

「麻衣子」は銀座の頂点で、全てが超一流である。当時、写真家としての地位が確立しつつあった頃で、独身だったこともあり、ここに通うことが仕事をする上でも非常に良い張り合いになり、原動力になったと感じている。多少羽目を外すこともあったが、自分の時間の中のサイクルに欠かせない楽しい時期だった。お店が混んでいるときは、入り口のところにある狭いカウンターで、バーテンダーと話しながら待っているのが好きだった。近年私も身を固めたこともあり、伺う頻度も減ったが今日まで長くお付き合いさせて頂いている。

そんな私とママを結ぶひとつの共通する時間軸が年に一度必ず訪れる。何と誕生日が同じなのである。毎年誕生日前後には、お互い暗黙の誕生会になった。時には、もうひとり同じ誕生日の作家の北方謙三さんも加わり楽しいひと時を過ごしたこともあった。

雨宮ママの印象はとにかく変わらないしぶれない。出立ちも、雰囲気も、話し方も、私が通いはじめた頃のままだ。妙な言い方だがある種、心を開いてなさそうな風貌と話し方は銀座中のママ達とは一線を画したオーラを感じる。

ママはあのスタイルで今日まで品格を保ち「麻衣子」を構築してきたのだと私はいつもみている。ママが席に来ると緊張するという人もいる様だが、私はむしろその緊張感を楽しんでいる。

そんなママには若い頃から大変お世話になってきた感謝の思いがあり、いつの頃からか何かお返しをしたいと心の片隅に思う様になった。しかし、何をお返ししていいか決めかねていた。そんな時、ある一枚の絵画が目に止まった。

千住博さんの絵が店に飾ってある。私も千住さんの絵が大好きだ。ここは飲みにくるだけでも贅沢なのに、その上素晴しい作品に出会える喜びを常々感じている。ある夜、いつもと同様に絵を眺めながらお酒を飲んでいた。

その時ふと自分の専門である写真でお返しをすればいいのではないかと思った。千住さんと私とでは格が違うが、自分の表現する世界の中でできるだけのことをすればいいのだと、私なりに最もいい作品を贈ることにした。

贈りたい作品はすぐに決まった、というより約束されていたかのように決まっていたのかもしれない。京都鴨川で撮った夜桜と月の写真だった。

ママは珍しく満面の微笑みで大変喜んでくれた。

内心ホッとした。又、少し恥ずかしくもあり嬉しくもあった。

ママが喜んでくれたこと、これが「麻衣子」での私の最高の思い出となった。

「麻衣子」の女性をはじめ、銀座の女性には、それぞれ独特の人生模様がある。サクセスストーリーもあれば、悲しい話もあるだろう。銀座という街の歴史にかかわってきた人というテーマで、雑誌で連載でもやったら面白いのではないかと、作家の伊集院静さんとお酒を交わしながら時折話題になることがある。彼女たちを取り巻く世界観を撮ってみたいと、写真家として心が揺れる。壮大なテーマだが、とても好奇心をそそられるのだ。

美しくも華やかな女性たちの陰影の人生がまとまって銀座という街があるのだと思う。

女性たちの笑顔の向こう側に何があるのかは計りしれないが、その向こう側も含めた空気感が銀座であり、それが銀座独特の魅力となっていて、私たちはそれに浸り、満足感や幸福感を得るためにお金を払っているのだろう。

そんな銀座の代名詞ともいうべき「麻衣子」には普遍的な存在でいてほしい。「麻衣子」は「麻衣子」であって他の何ものでも無いのだ。そして、いつまでも語り継がれ、永遠に残ってほしいと願っている多くのパトロンがいる。

出口が見えない混沌とした今の時代だからこそ、本当の大人のアイデンティティが備わった場所が必要不可欠な様な気がしてならない……「麻衣子よ永遠に」。

一流の心意気

株式会社一休　代表取締役社長
森　正文

麻衣子に初めて行ったのは平成十二年。北海道のホテルのオーナーの方に連れて行っていただいた。そのときぼくはまだ独身で三十八歳。女性たちを見て、こんなにきれいな人がこの世にいるのかと驚いたものである。それ以来、一人で行ってバーカウンターでくつろぐこともあれば、作家の渡辺淳一先生や同じように会社を経営している方々に誘われることもある。

最初は、男なら一度は来てみたかった憧れの「銀座の一流クラブ」の華やかさに惹かれていたが、しばらくすると、きれいな女の人がいて、話を聞いてくれるだけではない、何か別の魅力があるからこそ、決して安いとはいえないお金を払ってでも麻衣子でくつろぎたくなる魅力に気づいた。それは、麻衣子が四十年以上実績を積むことによって、築き上げてきた「一流のブランド力」、それに裏打ちされた「一流である」というプライドだ。

それに触れられるからこそ、ただくつろぐだけではない、背筋を伸ばして一流の仕事をして行こうという活力をもらえる。

ブランドというものは、一朝一夕でできるものではない。弊社の「一休.com」も、ブランド力のあるホテルや旅館を厳選して扱っていて、そのため、ぼくは、ブランドについて研究し、ブランドの価値とは何か、というのを常に考えてきた。お客さまというのはわがままで、その心はうつろいやすいものだ。何十年も「一流」というブランドを維持するのは難しい。しかし、時代の荒波を越えて「一流」であることを維持し続けているホテル・旅館には共通して、決して表面には見せない努力、常にお客様に一流のものを提供したいという心意気が感じられる。控えめだけれど、強い意志のあるプライド。麻衣子にはそれがあり、だからこそ「麻衣子」というブランドになっているのだと思う。

一方で、麻衣子はぼくにとって気分転換をするだけでなく、麻衣子に集まる一流の経営者、企業重役の方々の、仕事の場ではなかなか聞くことができない、人生観や哲学を知ることができる貴重な勉強の場でもある。麻衣子に集う男性たちは、ただ癒されるだけではない、麻衣子にきたからこそ得られる何かがあるから、忙しい合間を縫ってでも通いたくなるのだろう。

ある意味ではどの業界よりも生き残るのが厳しい世界で、そしてその中でも最高峰の銀座という場所で、四十年もの間先頭を走り続ける麻衣子。年下のぼくから見ても可愛げのあるママの気配り、お客さまの前では微塵も見せない努力、それを支えるスタッフの方々のチームワークと一流店ならではのプライドを持った仕事ぶりが、この本の出版という形になった。これからも銀座のトップであるというプライドを持ち続けて、日本を支える男性たちに活力を与えて行ってほしい。ぼくも陰ながら応援していきたい。

永遠のレッドカーペット

株式会社やまと　会長
矢嶋孝敏

「どんな店で飲むか」ということは、その人のその時の人生のあり方でもある。

昔、「眉」という店があった。壹番館洋服店の渡辺明治さんや、早く亡くなられたHさんに連れられて、まだ二十代で新宿生まれの私はそこで銀座という街に足を踏み入れさせていただいた。全てが学びだった。

他にも店はそれこそ満天の星の如くにあったが、「眉」が閉じたあと、しばらくはどこにも行かなかった、否、行けなかった。

そんなころ、「麻衣子」を知った。今となっては誰の紹介だったのか、定かではない。それから、三十年も経っただろうか。最初に「麻衣子」の階段を降りたときも、今も、私にとってそこはレッドカーペットである。

一日を、あるいは一週間を、又は一ヵ月を、時としては一年を、航海のように渉り、帰りつく港の街にどうしてもたどりつきたい灯がある。その階段を降りた先には、靴の底にふかぶかと沈む感触と、心に気高い誇りをとり戻してくれるレッドカーペット。それが「麻衣子」の永遠の像だ。

そこでも、三十年の時が流れれば、その折々で来店されるお客様の顔ぶれも随分と変わってきたように思う。私自身も、子供服、婦人服、きもの、そして、再び婦人服と、旅をつづけてきた。

職業を聞いたわけではないが、初めの頃は著名な財界人や製造メーカーのトップたち、バブル期には、当たり前かもしれないが証券関係や不動産業者と思われる方々、そしてこの十年はいかにもニュービジネス系といった三十〜四十代の人たちも目立つ。世相を映しているといえばその通りであろう。

しかしその移り変わりの中でたった一人変わっていないのが、麻衣子ママである。変わっていないとは大変失礼な表現で「いつも変わっていることによって変わらないものを維持し続けている」のだ。こういう姿勢はもはやある種の芸といっていいことだと思う。

もしかするとこの三十年間私はこの「芸」を見る為に、この赤いジュータンの高級芝居小屋に通っているのかもしれない、とふと思ったりもする。

考えてみれば男たちは航海してここにたどりつくのだから、そのいく先の港は新月の闇夜でも、嵐の中にあっても、不動の灯をともしつづけねばならない。中には漂流してくる船を救うこともある動かない港のオーナーは、変わらざる人でなければならないのだ。

この店で私は様々な人々と会った。大阪や四国の友人であったり、もう何年も会っていない知人であったり、前々から一度お眼にかかりたいと思っていたひそかに尊敬する人であったりした。逆に何人もの人々を連れていったりもした。その中の何人かはいつの間にか私以上に常連になってもいる。

又、何人かの記憶に残る女性たちもいないことはないが、今となっては麻衣子ママしか話をする相手はいない。もちろん、ママは忙しいから、ほんの五分か、十分だろうか、その一瞬の為だけにここに来ている自分に気づいている。

それは彼女がひとりの経営者として、尊敬する同輩として映っているからだろう。男性でも女性でも、相手に対してこのように闘う同志のような感情を抱くことはそう多くはない。なぜそうなのか。

それは麻衣子ママも又、闘いつづけてきたからだろう。私よりずっと。

夢二の絵のような

吉川英治記念館　館長
吉川英明

麻衣子での思い出といえば、こんなことがあった。もう十五年以上も前の話だが、日本ゴルフ協会のナショナルチームの強化委員長などを務めた鍋島直要さん、彼は私の先輩で、鍋島家の当主。あるとき、待ち合わせた銀座のカウンターバーで彼とダイスを始めたところ夢中になってしまい、食事で別の店に移っても続け、さらに麻衣子に。

よせばいいのに、麻衣子でもダイスを続けた。話もせず、水割りを飲みながら二人でひたすら勝負。店の女性はだれも寄ってこない。というよりも、気を遣って放っておいてくれたのだろう。いつの間にか閉店の時間になっていた。席を立とうとしたら、アマチュアゴルファーの中部銀次郎君が奥から立って来た。「ずっと前からいたんですが、お二人があまりにも夢中になっているので、声をかけられませんでした」と笑われた。

それでもダイスは終わらない。西麻布のスナックまで行き、そこの店の閉店までいて、さらに店の前の歩道橋の下でも勝負。負けず嫌いの鍋島さんが、終わらせてくれなかったのである。

せっかく銀座のナンバーワンクラブに行って、酒を飲んでダイスだけしていたというのは、まことに不粋な話だが、その不粋を平気で放っておいてくれるのが麻衣子なのだ。居心地がいいことこの上ない。

私が最初に麻衣子に行ったのは、開店して間もなくだったと思う。三十歳をちょっと過ぎた頃で、ある広告代理店の方に連れていかれた。そのとき、ママを見て、竹久夢二が描く女性のようだと思った。銀座のママというより、かわいい人形のようだった。

時々顔を出すようになってしばらくのこと。ママが、お客を招いて、箱根でゴルフコンペをやるという。大学時代のゴルフ部の仲間と参加した。そのときいちばん印象的だったのは、最後にママが挨拶したときの様子が非常に初々しかったこと、そしてその嫋やかな容姿とうらはらに、挨拶が経営者然としてしっかりしていたことだった。銀座のクラブのコンペに参加したのは、これが最初で最後だった。

私が麻衣子に行くのは、鍋島さんや中部君などゴルフ仲間と一緒のときがほとんどだった。先日、久し振りに顔を出して感じたのは、店の雰囲気が全然変わっていないということだった。家庭的な雰囲気なのだ。ママの人柄なのだろう。ママと店の女性たちとの関係も、仲良しクラブのような雰囲気で好ましい。

店によってはママが女性たちに発破をかけて、売り上げを伸ばそうとするところもあるのだが、麻衣子にはそれがない。そのためか、営業をしているという態度が女性たちに見えない。一緒に遊んでくれているような感じだ。これがママの方針なのだろう。

女性たちは、このママのカラーに自然に染まっていくようだ。ママの持っている穏やかな雰囲気に同化するのだろう。

だから、麻衣子は信頼できるし、行きやすい。友人と食事をした後などに、次にどこへ行こうかという話になると、だれからともなく「麻衣子」ということが多かった。

その麻衣子も四十年とは驚きである。銀座でそれだけ続いてきたというのは、立派の一語に尽きる。私もこのところ銀座へはすっかり御無沙汰なのだが久しぶりに行くと、ママが代わったりして知った顔がいなくなり、だれ？　という目で見られてしまう。

しかし、麻衣子は違う。ママは健在だし、これだけ長く、ママも雰囲気も変わらないのは麻衣子だけだろう。だからお客も長く通い続けることができるのだと思う。

私も年をとったし、鍋島さんも中部君もあの世から麻衣子を眺めるようになった。しかし、ママには、これからも夢二の絵のような姿で、いつまでも若く、あそこにいてほしい。そうでないと、昔からのお客が安心して行ける銀座の店が、なくなってしまう。

麻衣子の迷子

一橋大学　イノベーション研究センター　教授
米倉誠一郎

何故か分からないが、麻衣子のことを書こうと思ったら、ジョージ・ハリスンの「Blue Jay Way」が頭にやってきた。

ロスアンジェルズに霧がかかって
彼らは道に迷ってしまった
すぐに着くよといいながら、
今度は自分たちを見失ってしまった
どうぞ遅くならないで、
どうぞ遅くならないで

『マジカル・ミステリー・ツアー』の中の地味な小品だが、不思議と心の中に残っていく。深く残っていく。

麻衣子は不思議な店だ。失われた二十年だというのに、いつ行っても大変な賑わい（といっても、それほど行っているわけでもないのだが）。雨宮ママの笑顔はいつでも本当に素敵だが（お世辞！）、淑女たちに特殊なサービスや技能があるわけでもなく、いい思いをすることもほとんどない。ましてや、腕を組んでくれるわけでもない。僕を含めた「どや顔」の脂ぎった客たちも次第に紳士になって、猫のように大人しい。「この淋しい人たちは、いったいどこからやって来るのだろう」、とエレノア・リグビーのように周りを見回す。

すると、いつも賑わっている店には笑い声が溢れている。さんざめくような笑いと人いきれで店が充満していて、こちらも気分がどんどん明るくなってくる。明るいサークルの中にいる自分がとても明るく見え、そのこと自体が好きになっていくのだ。

デフレ経済は良くない、気持ちが暗くなる。未来に展望がないから明日が暗くなる。明日が暗くなると消費意欲は減退する。消費意欲が減退するから、需給ギャップはさらに大きくなり、またデフレが進行する。すると経営者はコストカットに走り、消費意欲はさらに減退する。こうして、さらなるデフレが進行していく。これは悪循環だ。為政者は、どうしてこんな簡単なことがわからないのだろう。

そうか分かった（eureka !）、賑わっている麻衣子には、明るい未来が（たとえ幻想でも）存在しているのだ。だから、「消費は天下の回りもの」と、ついついシャンパンでさえも開けてしまう。夢見る自分が明日を夢見て同伴までしてしまう。

麻衣子は賑やかでなくてはいけない。賑やかな麻衣子は賑やかだから賑やかな人が集まり、賑やかな人が集まるともっと賑やかになる。賑やかさは賑やかさを呼び、麻衣子はさらに賑やかになる。そうだ、麻衣子は未来永劫に輝き続けなければいけないのだ（おっと、勢いづいて久し振りに「未来永劫」なんて言葉を遣ってしまった、return to forever）。

その賑やかな明かりを求めて迷子たちは麻衣子にやってくる。そして、自分を見失うか、未来を創る活力になるかを、自分で選択していくのだ。いや、洗濯かもしれない。

ここまで、書いてまた「Blue Jay Way」が響き渡り、僕の頭は霧の中に埋もれていってしまう。

人生は簡単、目を閉じていれば。
見えるものは全て、見たいように見えるし

と、ジョン・レノンが唄ったのは、いまから四十年以上も前だなんてどうやって信じればいいのか。

麻衣子にも四十年の月日が流れた。

弱さの余韻

森ビル株式会社　特別顧問
渡邊五郎

　ぼくが麻衣子で初めて酒を飲んだのは、三井物産時代の一九七二年。一回目のニューヨーク勤務から帰ったばかりで、まだ「純情青年」だったぼくにとっては、銀座は憧れの場所。中でも麻衣子は、高貴なサロンとして有名で、恐れおののきながら時々顔を出していたのである。

　その名声を支えていたのは、心が和む雰囲気、美貌と知性を兼ね備えた女性群、気配りの行き届いた従業員の方々などなのだろうが、何よりもわれわれ酔鯨族を魅了したのは、ママである雨宮由未子さんの、凛とした気品と華、それに加えて、女としてのたおやかな「弱さの余韻」ではなかろうか。その余韻は、「守ってやらなければ」、「支えてあげないと倒れてしまうのでは」と、われわれに思わせる、なんともいえぬ、いい弱さの魅力なのだ。

かといって、ぼくなどは近づく勇気も実力もなく、遠くから眺めてきただけで、昔も今も高嶺の花なのだが……。いずれにしても、雨宮さんのような女性はなかなかいないものである。

ぼくの場合、もっぱら仕事でお客をお連れするという形だったが、そこでお知り合いになった方とご縁が広がっていくという形で人の輪ができていくのも、麻衣子の魅力だった。行けば、存じ上げている方がいることも多く、会話がなくても沈黙が会話となる雰囲気をかもし出す、親近感を感じる空間だった。しかも、店自体あまり広くなく、それがいい緊張感ももたらしている。

日本経済が逼塞し、銀座も大変な状況になっている。その中で麻衣子は健在である。今の麻衣子の、内容の伴った繁盛振りを見ると、うれしい限りである。その繁栄が一夜限りのものでなく、四十年も続いてきたというのは立派なことだ。

それは、麻衣子という店のトータルバリューがなせるものだろう。しかし、その中核に雨宮さんがいることが、やはり今日まで繁栄してきた最大の要因だと思う。

われわれには「弱さの余韻」を漂わせているが、表からは見えない強靱さを雨宮さんはきっと心の奥底に持っているはずである。それを見せないところも、雨宮さんのすばらしさなのだ。

麻衣子は銀座のオアシス。人生の余裕の魅力を味わえるかけがえのない場所だ。

どんなに厳しい時代になろうとも、弱さの余韻を内包する人生の余裕の喜びを味わい続けられる銀座の麻衣子であってほしいと願う一人である。

商売を文化にまで高めた人

株式会社壹番館洋服店　代表取締役社長
渡辺　新

雨宮さんは、壹番館にとって大切なお客様です。商売を文化のレベルにまで高めた達人であり、個人的にも雨宮さんの熱烈なファンとして、常に銀座の大先輩を尊敬しています。

今や銀座通りや晴海通りなど、銀座の大型の通りは、世界企業が旗艦店を出す通りです。世界中から資本が集まるのは大変けっこうなことです。しかし、それだけの街であったら、世界中どこへ行っても代わり映えしない、空港のデューティーフリーショップと同じになってしまいます。結果的に陳腐な街並みになります。

銀座の独自性が顕著に現れるお店は、大通りから一本外れたところにあります。企業といったサイズではなく、オーナー自らが店に出て接客にあたる店。このようなオーナー自らが銀座の色を染め上げます。これらの素晴らしい香りたつ店々と、世界企業が共存するところに銀座の面白みがあるのでしょう。

そのような、銀座独特の香りのあるお店の代表が麻衣子さんだと思います。雨宮さんほど、永年にわたってお店に出ていらっしゃる方はいないでしょう。雨宮さんの背中を我々銀座の後輩達は追いかけていけばよいと思います。

銀座には大勢の素晴らしいお店がたくさんあります。そのようなお店のオーナーやスタッフが長い時間をかけて〝銀座〟という織物を織っているのです。ピンと張ったお店という縦糸に、お客様という最高の横糸が毎日織り込まれ、銀座という最高の織物が創られるのです。

麻衣子さんの場合四十年分の輝きがあり、しっとりとした織物を毎日織り続けていらっしゃる。これだけの衣地はなかなか作れるものではありません。

銀座の場合、特に時間軸というものは、お店の価値を考える上で大切なものです。麻衣子さんの場合、四十年ですから、二十五歳から通い始めても、定年まで面倒見てもらえる。社会人生活すべて通い続けられるお店なのです。これが、五年や十年で消えてしまったら、お客様が遊んできた時間も泡と消えてしまうでしょう。

うちのお客様で、京都のお座敷は安いという方がいらっしゃいました。高いじゃないですかというと、「行けば行くほど安く感じる」というのです。向こうはこちらを覚えていてくれ、行けば行くほど遊びが発展して、より深いお座敷になるのだというのです。お客様にとって価値が高まっていくということでしょう。その結果、相対的に安くなっていく。

麻衣子さんも同じだと思います。お客様が通われれば通われるほど、お酒が時間とともに熟成し、まろやかになっていくように、麻衣子さんの価値が高まっていくのだと思います。これはお酒の値段がいくらとか、女性が何人いるとかいうようなスペックでははかれないものです。

麻衣子さんに限らず、お客様が銀座の老舗に求めるものは、そういうものではないでしょうか。それに応えるためには、もちろんお店のほうも日々修練を積んでおかなければならないでしょう。

また、麻衣子さんの場合、この時間軸だけでなく、織物の横糸であるお客様もすばらしい。良質なお客様ばかり。雨宮さんやスタッフと、良質のお客様が交響曲のようなメロディーを生み、時間をかけて、銀座の文化という織物を織っているのです。

その意味で、雨宮さんは、商売を文化のレベルまで持っていき、毎日文化をつくり続けるスーパースターであり、ここまでくるともう伝説の人です。

麻衣子さんは壹番館のお客様であり、私は出入り業者です。年に数回、お客様のお供で麻衣子さんに伺うこともあります。そんな時、雨宮さんは私に銀座人として、商売人として可愛げのある振る舞い方を教えてくださいます。

そして、雨宮さんにお酒の飲み方からお勘定の仕方まで教えていただく。四十年間毎日、現場で戦ってこられた方ですから、学校の先生が本に書いてあることを教えるのと、重みが違います。雨宮さんが育まれた技術や知識は、まさに銀座の宝です。そして、麻衣子さんは、私にとって、銀座の商売人として自分を高める学校であり、道場であるのです。

雨宮さんには、これからも、私たち銀座の若い人間にいろいろと教え、私たちを叱咤激励していただきたい。銀座で遊んでいただけるお客様が、ますます愉快に豊かになれる街をつくっていくために、「雨宮道場」の道場生として、私はこれからも日々、商いにつとめたいと思っています。

雨宮ママへ

渡辺プロダクショングループ 代表
渡邊美佐

神宮のテニススクールでよくご一緒させていただきました。
ラケットを振って、
こぼれるような夢を抱えもっていた頃を思い出すと
お顔を拝見に伺っておりました。
あの時のあどけない爽やかさに心が和みます。

どうぞお元気で、
益々ご活躍なさってくださいね。

細く長いお付き合い

大崎電気工業株式会社　代表取締役会長
渡邊佳英

友人などと銀座へ出たら「麻衣子へ行くか」といった感じで通い続けて三十五年。といっても、そう頻繁なわけではなく、最近は年に五、六回、平均すると三、四回で、しかも、シャンパンなどあけることもなく、ボトルのウイスキーを飲んで一時間ちょっとで帰る。決して上客とは思えないのに、それでも、行けばママもスタッフも顔を忘れずにいてくれて、常連のように扱ってくれる。

これが麻衣子のいいところである。ご無沙汰してしまうと、店によってはこちらもちょっと躊躇するものだが、それがないのが麻衣子なのだ。だから銀座に行くと足が向く。それが三十五年続いた。

麻衣子とは細く長いお付き合いということである。

ぼくが最初に麻衣子に行ったのは三十歳。青年会議所時代である。青年会議所の偉い人に連れていかれた。若いぼくはかばん持ちのような立場で、端っこに座っていた記憶がある。まだ日本が元気だった頃で、銀座も華やかだった。それからバブルを経て、日本経済が低迷するにつれ、銀座も変わっていった。クラブのような店でも、昔は高級な店、中くらいの店、安い店がそれぞれ何軒もあった。しかし、バブルが崩壊してから今日までの間に淘汰されていった。麻衣子のような高級でいい店と安い店が残り、中くらいの店はあまり見られなくなったのだ。また、高級でいいクラブが残っているといっても、これも激減している。私が銀座に通うようになった頃、有名な高級クラブがたくさんあったが、今は数えるほどしかない。

だれかがいっていたが、昔はステーキ店などもたくさんあり、みんなクラブの女性を連れ、よく食べていた。それだけ日本にバイタリティがあったというのである。今はそんな店も少なくなっている。

往時の華やかな銀座が復活することを望む。それには、日本がもう一度元気にならないといけない。

そのような銀座の中で、昔と変わらず、唯一繁盛している高級クラブが麻衣子だ。

麻衣子の何が魅力なのか。ちょっと考えてもよくわからない。しかし、あそこだけが醸し出している雰囲気というものは確かにある。それが心地いい。

また、行けば、お客の中に知っている人がたくさんいる。スタッフの教育もできている。それに、三十五年間、いつもきれいな女性たちがいた。もっとも、ぼくは彼女たちが目当てということではなく、ただ飲んでいるだけだが。

そして、何よりもママの雨宮さんの存在が大きい。ぼくと同年代のはずだが、近くで見ても、雨宮さんは昔とちっとも変わらず、いつもきれいだ。珍しい人である。

かといって美貌で売っているわけではない。もしそうだったら、四十年も続くわけがないのだ。雨宮さんには人間的な魅力があるから、そこにひかれて、みんな長く通っているのだと思う。

店ができて四十年。その間、麻衣子も経営的にはいろいろなことがあったろう。雨宮さんは経営者としてそれを乗り切ってきた。だからこそ、今日の成功があるのだと思う。

これだけ続けられた理由の一つには、多角経営をしなかったことがあるのではないか。景気のいいときにレストランなど他の商売にも手を広げたママもいる。そういう店は決して成功していない。雨宮さんはそれをしなかった。麻衣子一筋である。この堅実な経営が麻衣子の繁盛をもたらしているともいえる。

これからも、今まで通り続けるのがいい。ぼくのように、古いお客の年齢層は日々上がっているが、店を見ると、若いお客もいて、お客の新陳代謝もあるようだ。だから、今まで通りがいちばんである。
ぼくも今まで通り通わせてもらう。これからも、細く長くお付き合いをしていきたい。
雨宮さん、よろしく。

「麻衣子」のロゴ

コースターにある「麻衣子」の字。開店のとき、写真家の秋山庄太郎先生からお祝いにいただいたものです。以来、四十年間、お店のロゴとしてマッチや名刺など、いろいろなところに使わせていただき、麻衣子の顔となっています。

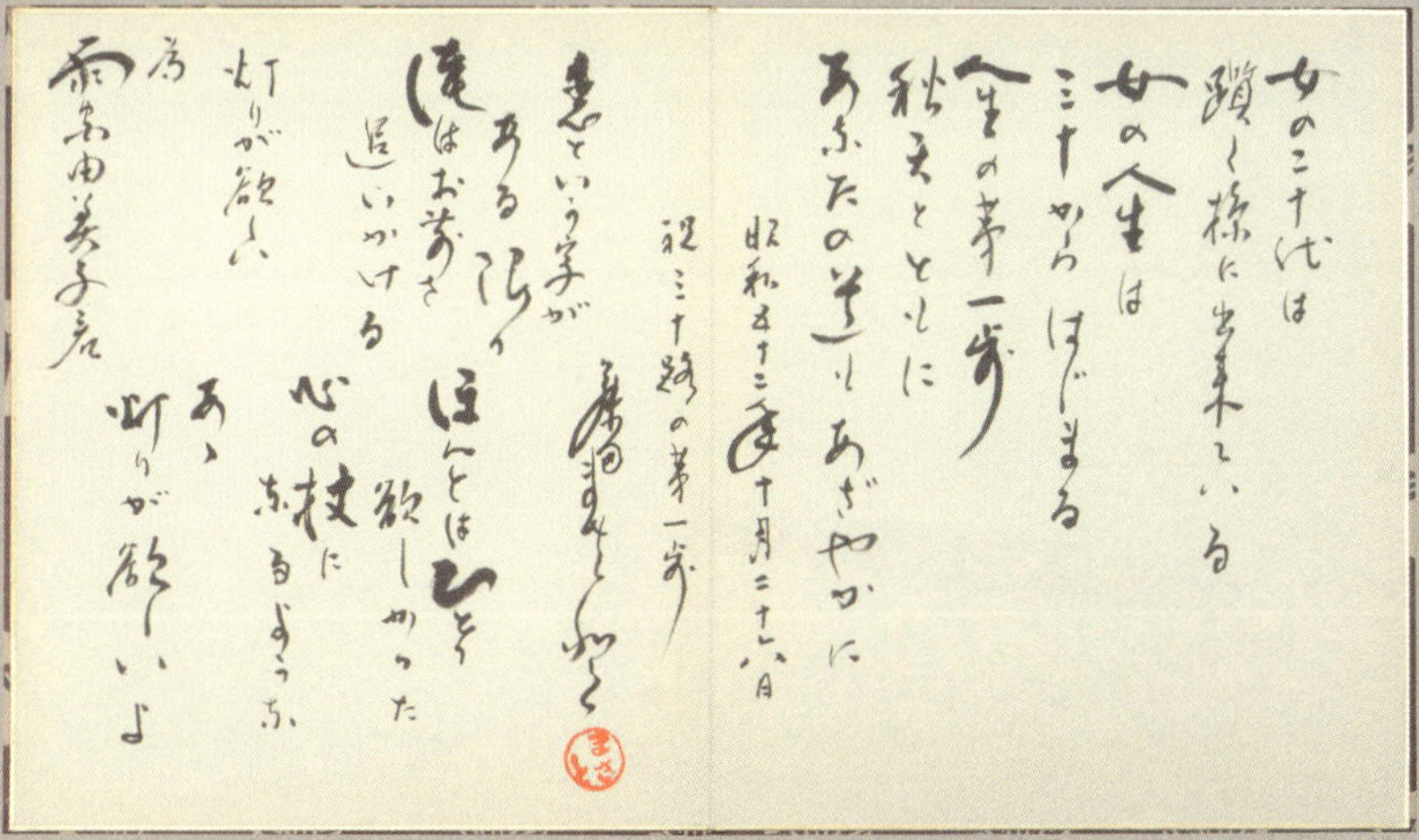

藤田まさと先生からいただいた色紙

作曲家、あるいは作詞家として日本の歌謡界の大御所的な存在だった吉田正、川内康範、浜口庫之助、猪俣公章、三木たかしなどの各先生方にも、麻衣子はごひいきにしていただきました。作詞家の藤田まさと先生もそのお一人。私の誕生日やお店の記念日にわざわざ色紙に詩を書いてくださり、お持ちくださいました。また、三木先生には、麻衣子のイメージでつくってくださった曲のテープをいただきました。

麻衣子

雨の降る夜は　麻衣子のそばにいて
やさしくしてやりたい　雨が悲しい娘
あゝ可愛くて　あゝ可愛くて
幸せときいたけど
泣いていないか　泣いていないか

雨の降る夜に　麻衣子は泣いていた
抱きしめてやりたかった　雨の並木道
あゝ可愛くて　あゝ可愛くて
身の上をたずねたら
涙ぐんでた　涙ぐんでた

雨の降る夜に　麻衣子は旅に出た
水色の指環だけ　部屋にのこして
あゝ可愛くて　あゝ可愛くて
幸せといったけど
泣いていたのか　泣いていたのか

作詞 関沢新一
作曲 遠藤 実
編曲 小山恭弘

「小林旭コンプリートシングルズVOL.4(日本クラウン)」より

小林旭さんの「麻衣子」

開店して間もない頃、戦後の歌謡界を代表する作曲家である遠藤実先生が、俳優の小林旭さんたちとおみえになり、遠藤先生が、その場の雰囲気にのられ、今はピアノを奏でている丈二さんからギターを借りて即興で歌われたものがベースになって、小林さんの「麻衣子」が生まれたというエピソードがあります。懐かしい思い出です。

第二章　「麻衣子」の心

WHYTE&MACKA

and.
2 ND.
2002

バーカウンターで語り合う千住博氏（左）と伊集院静氏（右）

大沢在昌氏（左端）、北方謙三氏（中央）、麻衣子の女性たち

伊集院氏と編著者

麻衣子のサロンでくつろぐ宮澤正明氏（手前）、北方氏、大沢氏

「クラブ麻衣子」が生まれるまで

阿佐谷のサロン

「おもてなしの仕事をしたい」——この世界に入ったころの私の胸には、このような思いがありました。

振り返れば、この思いは子どものころに培われたのかもしれません。

画家志望で銀座の飲食店に絵を納めることもしていた父は、飲食業に興味を持つようになり、その世界に入って修業しました。そして独立し、東京・杉並区の阿佐谷にお店を開いたのです。駅の近くの路地を入ったところにあった、蔦がからまるレンガ造りの一軒家を、お客さまがくつろぐサロンのようなお店にしました。

一階がカウンターとテーブル席、二階がテーブル席で、中二階にはピアノがあり、独学で身につけた母が奏で、お客さまを和ませていました。母はきちんと習うのは苦手のようで、ピアノに限らず、洋裁、編物、料理なども器用に独学で身に付けていました。平成二十年に亡くなった母の形見のピアノは、今も自宅にあり、妹が大切に弾いています。

私も小さいころピアノを習いましたが、センスがなかったのでしょう、残念ながらものにはなりませんでした。ピアノの先生がバレエ教室を紹介してくださり、こちらは五年間続きました。小学生時代です。プロを目指すというようなことではなく、小さいころ、体が弱く、ゴボウのように細かったので、健康のために通わされたのです。きれいな衣装を着て体を動かすのがとても楽しかった思い出があります。

阿佐谷のお店には地元の文化人や芸術家の卵が集い、私は小さいときから、そのような文化の香りのする社交の場が好きでした。そのせいか、将来そういうおもてなしの仕事をするのかなという感じは漠然とありました。

父はその後、阿佐谷で今でいうイタリアンレストランを、さらに新宿でクラブや和食店などを経営しましたが、私が十六歳のときに亡くなり、お店はやめてしまいました。

「メルヘン」と「クラブ姫」

父が亡くなったことで、早く社会に出て仕事をしたいという気持ちが強くなっていました。長女としての自覚も芽生えてきたのかもしれません。学校在学中に軽い気持ちでモデルクラブに入り仕事をしていましたが、社会に出てから別の方に紹介され、アルバイトで始めたのが今の仕事のはじまりで、それから「社交場のおもてなしの仕事」に一層興味を持つようになり、モデル業はやめて、この仕事に専念しました。

最初は銀座にある「メルヘン」という、こぢんまりしたお店でしたが、お客さまは一流の方ばかりでした。私の父や祖父と同じような年齢で、一見ふつうのおじ様に見える方でも、知的で寛大、ダンディで、そのころの私から見てもチャーミングなところも垣間見え、とても魅力的でした。そのような素敵な大人たちが集う世界があることを、ここで仕事をすることによって知ったのです。

「メルヘン」のママは、文壇バーとして知られていた「眉」にいらした方です。「眉」のオーナーママは、「眉学校」といわれるくらい厳しく女性を教育することで知られていました。「メルヘン」のママもそれを受け継ぎ、きちんとした仕事をなさる方で、そこで働く女性たちに基本的なことをしっかりと教えられていました。そんな古き良き時代の名残をとどめるお店でした。私もママに、お店の仕事のことだけでなく、一般的な礼儀作法など数多くのことを学ばせていただきました。

そして、ここで働いているうちに、さらにこの仕事を本格的にやってみたいという気持ちが強くなっていったのです。そうすると、「メルヘン」とは違うところでも勉強したいという思いが募り、それをママに正直に話したところ、説得に半年近くかかりましたが、最終的には快諾していただき、同じ銀座の「クラブ姫」に移ることになりました。

「メルヘン」はどちらかというと、アットホームで地味なお店。それとは対照的に、派手で独特の華やかさを持っていたのが「クラブ姫」でした。作詞家でもある山口洋子さん経営の、当時一世を風靡していた高級クラブである「クラブ姫」。ビルの二フロアを占める広いスペースに、今が旬の有名人が綺羅星の如く集う華やかな世界は、それまでのどこか暗いバーのイメージとはかけ離れたもので、最初は衝撃的でした。

タイプの違った二つのお店で経験したことが、私の原点であり、「麻衣子」の基礎にもなっています。

二十三歳の独立

二つのお店で仕事をするうち、小さいときのサロンのイメージがなんとなく膨らんでいきました。そういう時間空間を自分の手でつくりたいと真剣に思うようになり、昭和四十六年三月十八日、「メルヘン」、「クラブ姫」のときからのお客さまの支持も得て、銀座で独立。二十三歳でした。

経験が浅いので、むずかしいのではという声もありました。確かに経験や年齢で見ればそうでしょう。でも、「三十歳代くらいまではとにかく全力でやってから、その後、ふつうに結婚してもいい。自分がどこまでできるか、能力を試してみたい」という思いがあり、決心したのです。

お店を始める場所は、銀座以外には考えられず、他のところでは自分のイメージとは違うという気持ちがありました。父が生前銀座との関係を持っていて、父と母の出会いも銀座であり（母は銀座の日本楽器製造、現在のヤマハ株式会社に勤務していました）、二人に手をつながれて銀座通りを楽しそうな表情で歩いている子どものころの写真があるなど、銀座にはほかとは違う思いがあったことも関係しているかもしれません。

階段でお待ちいただくほどの盛況

銀座のどこにしようかと、いろいろ見て回り、数寄屋通りに決めました。同じ銀座でも、ほかの通りとは一味違った風流な雰囲気があるように感じていたのです。

見つけた場所は割烹だったところで、そこがビルになるということで、まだビルができていませんでしたが、直感的に、「ここだ、ここしかない」と思い、ビルができるまで半年待っての開店です。

そこは「メルヘン」の前。特に意識したわけではなく、「この場所で！」と思った所がたまたまそうだったのです。今思うと大変失礼なことでしたが、「メルヘン」のママは快くご了承くださいました。

自分のお店を持つとき、こうしたいというものがいくつかありましたが、その一つが異次元の空間をつくりたいということです。それにつながるものが階段でした。階段を一段一段おりながら異次元の世界に近づき、ドアを開けて、日常とは異なった世界に入っていくというイメージです。「メルヘン」も「クラブ姫」もそうでした。

階段をおりて入ったお店は当初十六坪。わくわくして、絶対やれるという確信をもって始めました。

お店の名前であり、当時私が名乗っていた「麻衣子」は、お客さまから「麻は絹と同様に高級な布だが、晒せば晒すほど白く清くなり、また、強く丈夫にもなる」というお話を聞いて、いい名前だと思い、付けたものです。「メルヘン」のときはもう麻衣子でした。

何も知らないところから始めたので、お店を開いてから何もかも勉強するという状態で、いろいろな方に助けていただきました。

最初は、よそのお店のベテランのスタッフで、銀座で名の知られた方に顧問になっていただきました。その方が開店時の大半の女性とスタッフを集めてくださいました。すでに亡くなられていますが、ほんとうにお世話になりました。

また、始めたころは、お客さまのアドバイスで日々育っていったといってよいでしょう。このころの女性の数は十六人くらいで、私よりも年上の女性でも二十四歳から二十八歳。あとは、私が若かったので、私より年下の若い女性たちが中心でした。そのほか、事務所関係の人たちとスタッフを含めると、二十六、七人くらいだったと思います。

こうして「麻衣子」は開店し、お客さまのご支援もあり、階段でお待ちいただかなければならないこともあるほど盛況でした。

「麻衣子」から「クラブ麻衣子」へ

お客さまにお待ちいただくというのは、心苦しいことです。だからといって、この場所から引っ越したくはありませんでした。

そこで、機会が訪れたとき、思い切ってお店を拡張しました。

その際、経営者としての自覚を持つため、私は本名に戻り、私個人の小さなお店だった「麻衣子」は卒業し、銀座の「クラブ麻衣子」に変わりました。また、組織を有限会社から株式会社に変更。同時に社名を「ウィングス、インコーポレイテッド」としましたが、これはスタッフや事務所の人などから募り、最終的には私が決めたものです。夢を持って大きく羽ばたき、広がっていくという気持ちが込められています。

平成十四年には、さらに、二十坪のカウンターバースペースも設けました。

ですから、今のお店は二十三歳のときとは違っています。はじめのときは、若かったので、「女の子の白いお部屋」というイメージでスタートしました。メルヘンチックな雰囲気で若い女性がたくさんいるというイメージだったのです。拡張してから、大人の銀座らしい社交の場へと切り替えたので、もう開店時の面影はありません。

小さいお店のときは、女性も経験の浅い人を主に集めていましたが、拡張してからは、有能なスタッフや女性をそれまで以上に入れられる広さがあったので、よい意味でのプロ意識を持ったスタッフと女性を軸に、経験の浅い、新鮮な女性たちにも幅広く入ってもらい、彼女たちを育てていき、銀座のクラブらしいお店にしていくことを目指しました。

そして、「しっかりと仕事をして成功へと至る道のりである赤絨毯の先にあるところ」――そのような、みなさんの憧れとなる、価値のあるお店でありたいと、徐々に「麻衣子」のビジョンが明確になっていったのです。

「クラブ麻衣子」の経営

堅実に

経営についてはもちろんまったくの素人からのスタートでした。学びつつ、今日までなんとかやってきたというのが、ほんとうのところです。

その中で株式会社としてしっかりとした経営ができたのは、開店当初からご指導いただいた公認会計士の先生のおかげだと思っています。この先生のもとで私と顧問の方、経理担当、スタッフで毎月経営会議を行い、会社経営について学んでいきました。先生は銀座のクラブの世界はあまりお詳しくなく、一般の会社に対するのと同じように、どんぶり勘定ではない、堅実で厳しい経営方法を指導してくださいました。先生のリードで私たちは正攻法の会社経営を行ってきたのです。その後は別に紹介していただいた税理士事務所の先生に、毎月というのではなく、随時ですが、引き続き、正攻法で堅実な経営を指導していただいています。

「麻衣子」のカラー

お店の女性は常時四十人ほどで、十年近くのベテランに、五年前後の中堅、それに若手、そしてもちろん新しい人も常にいます。ほかにバーカウンターのカウンターレディが三、四人。カウンターレディは制服を着ています。また、ピアノの先生のように、開店から苦楽を共にした人もいます。そのほか、スタッフと、二十二年いる人も含めバーテンダーが三人、二十年勤務している女性など事務所に四人、総務の責任者である妹の雨宮佳美、さらに麻衣子専属の美容室に美容師が常時三人ほどで、合わせると七十人くらいになります。

お店の広さが決まっているので、女性は四十人ほどしか入れられません。それでも、間口を広くして、常時素敵な女性を求めています。その基準を言葉で表すのはむずかしいですが、夢と贅沢を売っているのですから、かわいく美しくエレガントな雰囲気が感じられる人、そして、清潔感がありながら多少の色香を放っている人、特に若い人は、明るく華やかなオーラがあり、経験を積むにつれ、洗練され、品性、知性をともなっていく人であることが大切でしょう。

かといって全部同じタイプの人でもおもしろくありません。いろいろな個性の人も必要で、特に話題が豊富で、お話が上手な人などは欠かせません。

会話は大切です。話をしたら何か貧しく感じてしまったり、すぐにつまらなくなってしまったりというのでは困ります。一見それほど目立たなくても、話し始めたら、ウイットに富み、ユーモアにあふれ、その場を楽しくする、雰囲気づくりが上手な人もいて、そういう人は人気が長持ちするようです。もっとも、若い人はそれほど会話が豊かでなくても、聞き上手でいればいい。お客さまの中には、世間のことを知らない、若くてかわいい女性が成長していく様子を楽しく見守ってくださる方もいらっしゃるのですから。中には、そこにいるだけでまわりを明るくする人もいます。ただ、その恵まれたオーラは、瞬く間に消えてしまう虹のようなもので、それを少しでも長続きさせられるかどうかは、本人の努力次第です。

笑顔がよいというのも魅力ですね。無邪気で心から楽しそうな笑顔。それに勝るものはありません。お客さまとのひとときがほんとうに楽しく思えるか、このことが重要でしょう。それが自然と顔にあらわれてくるものです。

このようなものが「麻衣子」の女性のカラーというものでしょうか。スタッフもこのカラーを感覚的にわかるようになり、それなりの女性を選べるようになっていますし、お客さまもこのカラーをわかっていらっしゃって、「麻衣子」に合う女性を紹介してくださることもあります。

男性スタッフにも「麻衣子」に必要なカラーがあります。プロ中のプロですごいだろうなと思う人でも、「麻衣子」には合わない人もいるのです。それに、自分の損得だけで動く人、世渡りが上手で調子がよく、誠実でない人はむずかしい。お客さまも女性もそれを見抜いてしまいます。一方、何事にも一所懸命対応するスタッフは、時間はかかっても、その地道な態度が通じ、やがてお客さまからも女性からも信頼されるようになるようです。

何年も前のことです。営業センスがよく、気配りもでき、一見スマートなスタッフがいました。はじめは期待していたのですが、あるとき、スタッフ同士の会話でお客さまのことを軽く扱い、呼び捨てにしているのに気づき、がっかりしました。何度注意しても、悪いという意識も、直す気もないらしく、結局やめていきました。私は、「いいものを持っているのに、もったいないな。でも、これからあまり伸びていく人ではないかもしれない。何か大切なものが欠けている」と思ったものです。

お客さまに見えないところ、聞こえないところで発する言葉、態度でその人の本質が垣間見えます。なめてかかったり、甘く見たりして、相手に対する敬意や慎みの心がなければ、それが少なからずどこかにあらわれます。それは必ず感じとられ、悟られてしまいます。表面だけではごまかせないのです。そういう人は、自分ではうまくふるまっているつもりでも、そのことに気づいていないのです。

また、仕事はチームプレーも大切なので、自我が強すぎて周囲との調整がとれない人、自分の欲にとらわれて黒子に徹することができない人も挫折してしまいがちです。

これらは男性スタッフに限らず、女性にもいえることですが、そのような人は、今の「麻衣子」にはいないと自負しています。

「麻衣子」のシステム

お店は、基本的にはビジネスですから、売り上げを伸ばすことは大切です。しかし、それはあくまで結果です。ですから、女性に対し、売り上げを目標にして、売り上げ、売り上げということはあえていわないようにしています。それによって彼女たちの仕事のやり方が違ってきてしまいますから。ただし、それぞれの条件の上での最低ノルマはあります。

自分のお客さまに対して売り上げだけを考えたら、お客さまをなくしてしまうこともあります。それよりも、一人前の女性としての仕事を認めていただき、お客さまのほうより自主的に支持してくださる方を増やしていくことが、正攻法の進め方だと思います。

そのため、試行錯誤して独特のシステムをつくりました。お客さまの信頼を得て、ご支持いただければ、その女性を担当にするというシステムを考えたのです。たとえば、お客さまがお連れになった新しい方の分も、すべてお連れになった方の担当の女性の売り上げになってしまうお店も多いようですが、「麻衣子」では、新しいお客さまのご支持があれば、別の女性がその方の担当になれるシステムにしてあります。これは、お客さまのご意志を尊重することにもなります。そして、半年間ご来店いただけない場合は、改めて確認をとり、ご了解があれば、担当を続けるという形にしてあります。ですから、昔大型クラブで取り入れた「永久指名」という古いシステムはありません。それではいつまでもお客さまを縛ることになります。

やはり、時とともに変化していくのが自然であり、あくまでもお客さま主体で考えていなければならないと思うのです。

また、誰にも束縛されず自由でいたいと、特定の担当を決めないで、お店扱いにしていてほしいという方もいらっしゃいます。「麻衣子」では、そのような、それぞれのお気持ちに臨機応変に対応するようにもしております。

いずれにしても、「麻衣子」のシステムは、女性にとってもより可能性が広がり、チャンスも多く、新しい出会いも期待できるものなのです。そして、お客さまからのご支持が継続するように努力することにより、お客さまとの長い信頼関係が築け、人脈というすばらしい財産に恵まれることになるのです。

一方、女性たちには、お互い切磋琢磨して、いい意味で競い合い、そこから成長していくことを望んでいます。「競ってこそ華」という言葉もあります。仲良しクラブではないのですし、なれ合いの中からは何も生まれません。私は、女性たちに、向上心を持って競いつつ、キャリアを積むことで、年を重ねても、存在感があり、周囲から認められるような素敵なプロフェッショナルに、あるいは大人の女性になってほしいと思っています。

ミーティング

お店で重要視しているのがミーティングです。よそのお店では簡単なところもあるようで、また、ミーティングをしても人が集まらなかったり、通りいっぺんのことしか話さなかったりということも聞きますが、「麻衣子」では、月一回、午後五時から全員が集まって一時間半くらいしっかりと行います。

メイクをしなかったり、髪も仕事前のものだったり、普段着だったりというミーティングでは、気持ちが入らず、意味がないと思います。ですから、「麻衣子」では、仕事に臨む態勢でミーティングをします。そのような形でミーティングを行うと、女性たちも気持ちがひきしまり、自分自身の活力になるのではないでしょうか。私もそのときに気を集中させるようにしています。

ミーティングで話すのは、主任、マネージャー、店長、専務、副社長という順番で、私も最後に話します。スタッフの話に補足を加えたりして、最後にまとめるのが私の役割です。そのために、勉強したり、いろいろなところから情報を得たりしなければなりません。また、感じていたこと、気づいたこと、お客さまから聞いたよい話、ご注意やお叱りの言葉など、メモしておいたものを伝え、ともに考えるようにしています。お客さまのどんな小さな声にも耳を澄まし、必要なら改善する。その積み重ねが上質なサービスにつながっていくのですから。

また、スタッフにはわかりにくい、女性の立場でのいろいろな苦労も、その立場で考えられるので、女性たちはよく聞いてくれます。普段なかなか彼女たち、特に若い人たちと話す機会がないので、彼女たちとのコミュニケーションの場としてもミーティングはとても大切です。

さらに、月一度、みんなが一つになり、また一ヵ月頑張りましょうと確認しあう重要な集まりでもあります。

このようにミーティングを続けていても、ちょっと慣れてくると、長くいる人でも基本的なことを忘れることがあります。そういうことをその都度ミーティングで注意する。それを繰り返すことで、改善しながら徐々に自分の身に付き、成長していき、それがキャリアとなって生きてくるのです。そして、女性たちもスタッフもその道を極めることができたとき、プロフェッショナルとして認められ、仕事の喜びを知るでしょう。

引き抜き

今まで恵まれていたとはいえ、長く続けていればいろいろなことがあります。その一つが引き抜きで、スタッフや女性が他のお店に移ってしまい、すぐに新しい、よい人が見つかるとは限らず、その都度苦労しました。

うちのお店は、華がある、若くて新鮮な女性たちを集め、麻衣子のカラーに合うように育てたいという考えがありました。

ところが、うちで育てた女性はスカウトするにはちょうどいいようで、これからというときにスカウトされたり、スタッフも女性と一緒にスカウトされてしまったりということが、まとまったものでは二回ほどあったのです。

それも、かげでこそこそというような、正攻法でないやり方でした。筋を通してのことなら理解もできるのですが、そうではありませんでした。私はこの人たちのどこを見ていたのか、何を伝えてきたのだろうかと、むなしい気持ちでいっぱいでした。

引き抜かれたスタッフも、女性も、引き抜いたお店も、みんな必死なのだということはわかっていても、やはり悔しく思い、以前はそのたびにショックで、むきになったこともありましたが、ある時期になると、これも人の世の流れ、仕方のないことなのだと思うようになりました。

いずれにせよ、そういう人たちは、今までのキャリア、人間関係を壊して次に行こうとするわけですから、より世間を狭くし、自らやりにくくしているのですね。その後も、よい関係を築けるような、一つ一つ着実に積み上げ、次に広げていける誠実な仕事の進め方をしないのは、もったいない。やめて移るにも流儀があるはずです。そのことに気づいてほしい。

この世界、ただ転々とするだけでは、ロクなことはありません。いずれ信用もなくなるでしょう。

このような引き抜きは、お店にとって結果的によかったと思います。というのも、次に入ってくる人たちが、不思議にもっとよい人たちだったからです。そのため、「去っていけば、よりふさわしい人が入る。むしろ、やる気のある前向きの、よいスタッフ、女性が来てくれ、より強固になった」と後で感じることができました。

今思えば、仕事やお店に対する愛情がなくなってしまった人は、気持ちが離れてしまっているわけですから、それによってお店の空気も澱んでしまうというような、マイナスのオーラが出てしまいます。仕事はチームプレーですから、まとまるときは結束して同じ方向を向いていないと一つの大きな力が生まれません。ですから、やめたいという人は、あえてとめないほうがよいのでしょう。もうよい仕事は期待できませんから。

時には強気で

これまで、日本の経済状態の悪化などの影響を経営面で一時的に受けることはありました。それを乗り切るためには、たとえば、お勘定を下げるという方法もあります。いちばん手っ取り早い方法だと思いますが、私は、そのようなことはしたくなかった。また、女性のクオリティを変え、少数にしてスナックのようなお店にする方法もありますが、それもしたくありませんでした。

そのようなことを一度したら、もう戻れません。そこまでしなければならないのならやめるしかないなという気持ちで、価格も女性のクオリティも維持してきました。基本は地味なお店で、コツコツとやってきましたが、そのようにして築いてきたブランドイメージを下げたくないのです。それらを落としてしまうと、「麻衣子」ではなくなってしまいます。

むしろ、厳しいときこそ、必要な投資をしなければなりません。楽天家のところもある私ですが、そういうとき、強気です。レベルの高い女性を多めに入れたり、店内を改装したりなどして勝負に出るのです。いつも勝負しているわけではありませんが、何かの時には決断しなければならない立場にあるので、思い切ります。

それが結果的によかったと思います。よそのお店が変わる中で、「ここに来れば安心だ、頑張っているな」とお客さまは支持してくださるのです。

お客さまで、ある企業の経営者の方がおっしゃっていました。

「われわれの業界でも価格競争になることがある。しかし、値段を下げるのではなく、お客さまへのケアをよりよくする。そうすると、お客さまは、値段が他よりも高くてもうちの商品を買ってくれる。要はお客さまを大事にすること。そうすれば、お客さまはついてきてくれるものだ。きちんとケアをすれば、売りっぱなしでほうっておかれるよりも、お客さまにとって、長い目で見ればプラスになるのだから。麻衣子もそうだね」

立派な経営者の方にこうおっしゃっていただくと、とても励まされます。

#「麻衣子」のおもてなし

さりげなくの心情

おもてなしの心に大切なことは、お客さまを敬う気持ち、気配り、あるいは察することです。加えて、慎み深さもあってほしいと思います。

たとえば、お客さまは楽しんでいらっしゃるのか、お客さまが何を求めていらっしゃるのか、今日は接待なのか、プライベートなのか、お友達同士なのか、そのお客さまがどのお客さまを大事にされているのか、そのようなことをご様子から汲み取って察することが必要です。

私も、この席にはどういう女性が最適なのか、話が上手な人がよいのか、かわいい人がよいのか、ベテランの人がよいのかというように、お客さまが求められるものを思いおよぶ限り考えながら最善の対応を心がけているつもりです。ピアノの先生も、お客さまがお好きな曲を把握しておき、できるだけその曲を弾くようにしていますが、これもピアノの先生の心配りです。

このように、スタッフも女性も常に目配り、気配りをし、察しながら、それぞれが判断してくれれば、結果、お客さまに安心感、満足感を提供できるのではないでしょうか。

場を察するには勘が必要でしょう。お客さまによって話の内容や状況はいろいろですから、場面や相手によって勘で対応をしていかなければなりません。雑念にとらわれない澄んだ精神の中でひらめきは生まれ、考える力が備わり、勘は養われてくるのだと思います。

これは、教えられるものではありません。自分で経験していくしかないのです。そのように勘を磨いて、相手の方の気持ち、その場の雰囲気を感じとるようになれば、その空間に居心地がよい空気が流れるでしょう。

ただ、勘を磨きすぎて、鋭すぎても、お客さまの気が休まりません。お客さまが、何の意識もなく、ただ来てよかった、楽しめたと思っていただけるようにすることが、おもてなしなのです。自分はこんなに気を遣っていますというのが見えてしまったら、お客さまは気が重くなります。そのような独りよがりの押しつけは避けたいものです。あくまで自己主張しすぎず、さりげなくの心情です。

おもてなしをするには、自分自身の心をよい状態にしておくことも忘れてはなりません。そうでないと、ゆとりがなく、どこかにざわつきが出てしまい、お客さまの気持ちを受けとめる余裕が生まれませんし、お客さまに幸せオーラを発信できません。

多少教養があることも必要です。「時間があるとき、どんな分野でもよいから本を読みなさい。せめて本屋さんに行って、積んである本を見るだけでも、世の流れがわかります」とミーティングなどでも話すのですが、そういうものに興味を持てば、何かが見えてきます。必ずしもむずかしい事柄ではなく、浅くてもよいですから、スポーツ、旅行など趣味、雑学的なものも含め、幅広い知識の引き出しを持つことも教養を高める第一歩になるのではないでしょうか。仕事の上では、最低限、まずその日の新聞に目を通し、ニュースを知り、情報をキャッチして出勤することです。実際、女性たちの中には、経済紙誌などを自ら購読している人もいます。事務所でもそれらを揃え、いつでも読めるようにしてあります。

また、幸せなことに、お店にはすばらしい作家の先生方がおみえになります。せっかく先生方と接することができる恵まれた環境にいるのですから、積極的に先生方の本を読んでみる。読むことによって、新しい発見があるはずです。そのすばらしさ、楽しさを知って、そこから自分の世界が広がっていくものなのです。

作家の先生方だけではありません。ほかにも高名な文化人のお客さまがいらっしゃるのですから、その方たちの作品、映画、舞台などに触れる機会を生かしてほしいと思っています。

季節のご挨拶、お礼状などは、一応基本を勉強した上で、なるべく自筆で、自分の言葉で書くようにともいっています。はじめは下手でも、気持ちを伝える作業が大切な勉強だと思いますから。気持ちのお品をお贈りするときでも、一言、自筆の言葉を添える。そうすると、ただの品物が心の込もった贈り物になるのです。達筆ではなく、たとえたどたどしくても、丁寧に気持ちを込めれば伝わります。

こういうことが自然に行えるのも、つまり、感謝の気持ち、人を思いやるやさしさを持っていることも、教養といえるでしょう。そういう素敵な女性になりたいものです。

流れる気

高級クラブは、単にお酒を飲む場所ではなく、今も昔もエグゼクティブの社交の場という一面があります。その空間をいかに演出するかが私どもの仕事です。内装や調度品、照明、スタッフと女性の身なり、応対など諸々がお店の雰囲気を構成する要素であり、そのため、空間づくり、スタッフや女性の教育にはいつも心を配っているのですが、そういった目や耳など感覚で得られるものでないものも、流行るお店かどうかを左右します。それは「気」、人が人を呼ぶ「気」です。「気」があるところに人は集まり、逆に人がまばらなところに「気」は感じられません。人が集まらないお店、すぐに帰りたくなる場所は、「気」がなく、澱んだ空気が流れ、人々は疲れた精彩のない顔をしているものです。

人気があるお店は、よい「気」が溢れているところです。それには、そこにいる人たちが「気」を放っていなくてはならないと、私自身も常にそのことを心がけています。

出勤の際、ササッとメイクをし、着替えて、何も考えずにお店に行くのと、じっくりと気持ちを切り替え、整えてから身支度に入り、自宅で三十年来の美容師さんに髪をセットしてもらいながら、お化粧し、集中させ、「気」を入れてスタートした時とでは、その日の精神状態が違い、仕事も違ってきます。いつもそれを自分に言い聞かせて、テンションを高めています。緊張感、集中力が必要なのです。

もっとも、私自身、それほどエネルギッシュではないので、集中力はそう長くは続きません。せいぜい四、五時間くらいです。ですから、ためておいて小出しにしていかないともちませんが、ともかく営業のときに最高の状態にもっていく。それがお客さまに接する際のいちばんの礼儀と心得ています。

また、お客さまはパワー溢れる方が大半なので、こちらに「気」がないとパワー負けしてしまうということもありますし、自分にパワーがないと従業員に対してパワーを与えられないということもあります。

いくらきれいでも、人気がない女性もいて、そのような人は、「気」がなくて、抜け殻のような状態でお店に来ています。ただ来てただ帰る。話も聞いているようであまり興味を持たない。そういう人は人気も続きません。心がないと、お客さまもそれを見抜かれます。

「麻衣子」はとてもよい「気」が流れていると、精神性の高い方たちがみえたとき、みなさん同じようなことをおっしゃいます。澱んでいる空気、悪い「気」というのはごまかしようがありません。ご来店いただいた瞬間にわかってしまいます。お客さまがいらっしゃるとか、いらっしゃらないとか、見られているとか、いないとかではなく、常にお店が、そして私たちがしっかりと生きていないと、それぞれ隅々まで生きていないと、よい「気」というものは生まれないと思います。

お店では、階段の入り口からお香を焚いて清め、お店の隅々まで清潔を心がけ、それだけでなく、事務所、従業員洗面所などにも一輪の花を置いてあります。そういうお客さまの目につかないところにも、自然ときれいな「気」は生まれ、流れていくと信じています。
よい「気」と悪い「気」――ともに人がつくりだしているものです。このことを大切なこととして、いつも意識しています。

誇り

私がこの世界に入ったころの銀座は、ほんとうに華やかで活気がありました。今も、恵まれていたというか、いいところしか見ていないからかもしれませんが、銀座が変わったといわれても、そのようなことは、私はあまり感じていません。

表面的に見れば、いろいろなやり方の人たちが入っていらっしゃいますし、それなりに時代の流れに合ったお店、流行のお店もあります。時代に迎合するのは簡単かもしれませんが、それはそれで時が流れれば終わってしまうのではないでしょうか。今でも昔からの銀座の雰囲気を求めている方はたくさんいらっしゃいますし、そういうものを大切にしている方もいらっしゃる。そして、「麻衣子」は、昔から受け継がれてきた「銀座らしさ」を、新しい風を入れながら保っている。だからこそ、その方たちが大切にしてくださるのかなと思います。

銀座で仕事をする覚悟、責任、そしてここだけは譲れない、最低限これだけは守らなければならない筋というものを、私はどこかで意識しているのかもしれません。そのような美意識のようなものがないと、寂しいですし、それがこの世界で生きる心意気だと思うのですが……。

また、「麻衣子」で働く誇りも大切です。

独立したとき、もう一つ、心に抱いていたことがありました。それは、このお店で働く従業員、女性たちが誇りの持てる職場にしたいという夢です。このことは口にせず、心の中に秘めていたのですが、最近、働いている人から、「『麻衣子』で仕事ができることが誇りです」とよく聞くようになり、また、ここを卒業していった人たちからも、「『麻衣子』にいられたことが、私の誇りであり、支えです」といわれたり、手紙をいただいたりすることが多くなりました。とてもうれしいことです。そのような声を聞けばなおのこと、さらにその質を保っていかなければと思います。

ただ、誇りというものは、そこにいるから持てるというのではなく、自分で築くものだとも思います。自分の仕事に精一杯取り組み、その結果が認められることで、自信につながり、それが誇りとなっていくのです。心の奥底にしっかりと誇りを持てる生き方をしたいものです。

私の大きな節目と仕事の喜び

自律神経失調症？

病院に行って診断を受けたわけではないので、自己診断ですが、実は、自律神経失調症らしきものになったことがありました。開店五年目のときです。

開店してから、がむしゃらに突っ走って、全力を出し切ってしまったのだと思います。お店を無からスタートするというのはすごいエネルギーを要するもので、あのころは無鉄砲で若いからなんとかできたのであって、けっこう心労があったのでしょう。意識はしなくても、がまんしすぎていたことがあったのかもしれません。人前に出て、お客さまと話をするのがすごくつらくなってしまいました。

そういうときは、人の嫌なところばかり見えてしまうものです。ふつうじゃないなと自分で思いつつも、お店には出なければならないので、一年くらい義務感で出ていたのですが、お正月休みの後、出勤したら一日で耐えられなくなって次の日も休んでしまい、それから出られなくなったのです。あと一本、緊張の糸が切れたら、自分はおしまいかと思うほどでした。

心身ともに疲れていると感じたので、思い切って休みたいだけ休もうと、二、三ヵ月休みました（当時は土曜日も営業している時代でした）。とにかく休んで、自由に好きなことをして、もし戻れなかったら、お店は続けるにしても、私だけでもやめるしかないのかなと本気で思ったのです。

ひとり心のおもむくままに旅に出ました。父のふるさとの山梨で富士五湖を巡り歩いたり、真鶴まで足を伸ばし、一日中潮の満ち干を眺めたりするなどして、自然の中に身を置き、自分を見つめる充実した日々を過ごしました。

その間、客足が鈍り、お店の中は動揺していたようですが、そういう話も聞かないようにして、「任せるから好きなようにして」とスタッフにいい、お店のことは考えないようにしました。

みんなには心配をかけてしまいましたが、このとき思い切って休んだことがよかったと思います。休んで体の疲れが癒えてきたとき、「休みたいときは休めばいい。本当につらくなったら、それが自分の限界なのだからそのときは身を引けばいい。これだけ頑張ったのだから、これからは好きなようにやらせてもらえればいい」とふと思ったのです。そうしたら、心もフワッと軽くなり、元気になっていくように感じました。そして、「やはり自分はこの世界が好きだ」と思うと同時に、お客さまのお顔が次々と浮かび、「またお客さまに会いたいな。もう一度やってみよう」という前向きの気持ちが、心の芯から芽生えてきました。もし休まずに走り続けていたら、そのような気持ちにもなれず、スタッフと共倒れしていたでしょう。

スタッフや女性の面倒も教育もすべてみなければならないというような、いろいろなことを背負ってしまっていたのだと思います。でも、できることとできないことがあるというように、いろいろな面で割り切り、「限界を超えたからいけないのだ。限界内でやればいい」と思って再スタートしたら、自分のペースをつかむことができるようになりました。

それからは、自分の力量も知り、無理をしないようにしてきましたし、この仕事がほんとうに楽しくなってきました。だからこれだけ長くやってこられたのかもしれません。それまでは勢いだけだったのかもしれません。

また、同じころ、心臓がドクドクし、天井が落ちてくるような圧迫感を感じ、眠れなくなったこともありました。高名な先生に診察をお願いし、手を握っていただいて「なんでもないですよ」といわれたら、それだけで治りました。気持ちの問題だったのです。

オフの生活——リフレッシュの時

このような経験をして、今は、これ以上やるともう限界だなとわかるようになり、自分でストップをかけられるようになりました。また、お客さまにご迷惑をかけないためにも、常に元気でいなければならないと、リフレッシュにも心がけています。

習い事もしたいとは思うのですが、それは今のところ希望だけで終わっています。というのも、それを始めると、エネルギーが分散してしまい、仕事に十分な態勢で臨めないからです。私は器用ではありませんし、それほどエネルギッシュでもありません。スポーツも、以前はスキー、テニス、水泳、ゴルフと軽くいろいろ楽しんだのですが、今は外より内に充実感を得る時期のようです。その時々のバイオリズムによって違ってきますが、自宅でゆっくりくつろいで、力を蓄えて、心身ともによい状態でお店に出られるようにするのがよいようです。

私にとって、くつろぐ上で自宅の空間はとても大切です。たとえば、昔からある好みのアンティークの調度品とモダンな家具を組み合わせてインテリアを遊んだり、テラスの庭やサンルームに咲く花、グリーンの中で音楽を聴いたり、本を読んだりして、自分の時間を満喫しています。

また、夏には屋上でバーベキューを、冬には和室の掘炬燵で鍋パーティをし、そのほか、新年会、春のお花見会などを催すなど、忙しい中でも時間をつくって楽しんでいます。

天気のいい日は家のまわりを散歩し、自然の中に身を置くと、頭の中が空っぽになって心も無になれ、とてもリラックスできます。こうしてリフレッシュすると、ひらめきも生まれてきます。

都会の家でも、このように日々、季節の移ろいや自然の美しさを感じる暮らしを味わっているのです。

旅行もリフレッシュには欠かせません。ひとりではなく、お友達と大勢でわいわいと、ということが多くなっていて、大体が国内。海外は、ゴールデンウィークなどを利用して、お店の研修旅行で行く程度になってしまいました。このところちょっと忙しすぎて……。そのようなときは、ふだん仕事で疲れていますから、ハワイなど、ゆっくりできるリゾート地などをみんなで選んでいます。

ただし、研修旅行は、女性、スタッフ、事務所の人たちなどのコミュニケーションをはかりつつ、半分は仕事です。昼は自由時間になることが多く、ゴルフ、海や山、サーフィン、プール、ショッピングなど、それぞれ童心に返って楽しむのですが、夜は、女性も男性もドレスアップし、その土地のその時の旬の人気店、一流店などをチョイスして、最高のサービスをチェックし、料理を味わうという機会をつくります。ホテルもなるべくよい経験をするために、一流を選びます。社会見学なのです。まるで修学旅行のようですが、けっこう参加者も多く、それなりに有意義な時を過ごしています。

私自身は、若くて元気な頃は、ヨーロッパなどにもよく行きました。いずれのんびり巡りたいという気持ちはあるのですが、今はリズムを狂わせたくないので、夢として持つだけにしています。

ふだんは仕事モードに入っていて、落ち着いて味わう時間はありませんが、食事も大切な喜びの一つなので、お休みにはゆっくりと楽しんでいます。

贅沢を売っている仕事ですし、私生活も心豊かに過ごしたいと思っていますから、いろいろなお店に行き、素敵な料理を味わっています。また、お客さまのお食事の好みや、いらっしゃったお店のことが会話に出てきたりするので、おいしい料理やお店をある程度知らないといけないという理由もあり、話題のところや有名なところは、一度は行くようにしています。

でも、家庭でいただく食事はまた別で、おいしい。つくることも嫌いではありません。いろいろレシピを考えるのも楽しく、気分転換の一つになります。季節を取り入れ、バランスを考えたおいしい食事は豊かな生活の基本です。ただ全部自分でつくるというのではエネルギーを使ってしまうので、ふだんは家にいるセンスがあって信頼できるプロたちに任せています。

ゆっくり食事を楽しむときに欠かせないのがお酒。たくさんは飲めませんが、好きです。食事のときはお酒があったほうがおいしい。料理によって、和食のときはビール、日本酒、中華料理のときは紹興酒、洋食にはシェリー、ワインというように、それぞれの国の料理にはその国のお酒が合うようです。時にはハーブのミントや山椒の葉でつくるモヒートなどのカクテルやハイボールも楽しみます。

逆に仕事のときは、お酒はお付き合い程度にしています。いつもリラックスした方のお席ばかりとは限らず、どういうお客さまがいらっしゃるかもわかりませんし、接待など大事なことで利用されるお客さまも多いですから、気をつけています。私はお酒を飲むとホワッとなってのんびりしすぎて、神経が鈍くなるほうで、お店でそうなっては困りますから。

買い物もリフレッシュには大切です。特に元気がないときは、ちょっと高価な買い物をして、その分頑張ろうと、自分に刺激を与えたりしています。ある程度の贅沢は意味ある投資だと思うのです。

このようにいろいろなことをして、気、エネルギーを蓄えて、仕事に臨むようにしています。

オフのときにもう一つ心がけてきたことがあります。ふつうの社会人としての感覚に戻ることです。

長いこと母と暮らしていたので、家に帰れば、母の存在が、私を一人の年相応のふつうの女性に自然に戻してくれました。金銭感覚を含め、家ではふつうの暮らしを基本にと心がけ、仕事に入れば、一転してふつうでないように贅沢を身に付け、華麗な異次元の世界に優雅にポーンと跳び、夢を売る。そしてまた、家に帰ると、母がもとに戻してくれるということの繰り返しでした。家でのこのベースがしっかりしていれば、異空間の世界により高く跳ぶことができるのです。また、非日常の世界の職業だからこそ、終わった後は、自分に返り、リセットする時間も必要なのです。

この世界にすべて染まってしまうということにならず、ふつうの社会人としての感覚を忘れずにすんだのは、母のおかげだと感謝しています。結果的に、オンとオフのバランス感覚が付いたように思っています。それで、それほど社会とかけ離れた存在にならずにすみ、一流の社会人のお客さまの感覚も、少しは想像できることにつながったのではないかと考えています。

心に触れる言葉

先にメモをすると書きましたが、これは「メルヘン」時代からの習慣です。手帳を持っていて、お客さまの一言、一言を宝物のように思い、それをメモするのです。また、自分で思いついた言葉、本や雑誌、新聞などで見つけた気になる言葉、故事成語なども手帳に書きとめます。

この中には、スタッフや女性から相談を受けたときなど、アドバイスをするのに役立つものもありますし、私自身、迷ったり苦しかったりしたときなど、その言葉によって救われたり、元気になったりすることもあります。残しておきたい言葉は、そのようなものばかりです。

もちろん、営業中にメモなどできませんので、帰ってからすぐに書きとめるようにしてきました。忘れてはもったいないですから。その積み重ねで、自然に私の中にいろいろな方の声が入っているのではないでしょうか。

これからも、大切な言葉を受け止めるために、好奇心を持ち、自分自身の琴線に触れるものをキャッチするアンテナを張り続けていきたいと思います。

もうすでに手帳は何冊にもなりますが、その一冊を開いてみると、たとえば、「春風をもって人に接し、秋霜をもって自らを粛む」という言葉が出てきました。だれの言葉かも知らずにメモしているのですが、調べてみると、江戸時代の儒学者、佐藤一斎の『言志後録』にある言葉のようです。人には温かく、自分には厳しくという意味で、私もそうならなければと感じてメモしたのでしょう（つい自分に甘くなる私の弱いところに対する戒めでしょうか）。

ほかのページには、「心は慈悲で論理は武士道」という言葉や、童話にあった一文で、「流れは厳しく、水は冷たいけれど、求めているものが澄んだ水ならば上流へ行きなさい」というものもあります。

いずれも自分には厳しくという戒めがあるようです。特に武士道という言葉は私の心に触れます。どこか共感するものがあるのでしょう。

「明日死ぬように生きなさい。永遠に生きるように学びなさい」

というマハトマ・ガンジーの言葉もあります。

別の手帳にこういう言葉もありました。「人間万事塞翁が馬」。人生の幸・不幸は生きてみなければわからないという意味です。だからこそ、人生は奥深く、おもしろい……。

私は、見えない世界、私たちにはとらえることのできない大きな世界があると思っています。その大きな力に自分をゆだねているという気持ちがあるのです。ですから、心に触れる言葉があると、これは天からおりてきたと思って、書きとめているのです。

次の世代へ

この仕事、これだけ長く続けてきても、飽きることはありません。お店も自分も、少しでも改善したい、進化したい、と向上心を持ち、前に向かって進んでいるからです。そうすることで、いつも新鮮な気持ちが維持できる気がします。

ほとんどの仕事は、一見同じことの繰り返しで、時に退屈に感じることもあるでしょう。しかし、どのような仕事でも、長く続けている方たちは、ご自分も飽きないよう、まわりも飽きさせぬよう、ご自身なりの知恵と工夫で取り組んでいるのだと思います。これが商いといわれるゆえんでしょう。

私は、こういう仕事をさせていただき、幸せを感じています。そして、粛々と仕事を続け、自分なりの奥義を見つけ極めることができたなら、それはとてもすばらしいことです。

また、お客さまは第一線で活躍されている方が多く、そういう方たちに触れてエネルギーを感じたり、勉強させていただいたりしています。みなさん、ほんとうに魅力的で、お会いできて光栄と思う方がたくさんいらっしゃいます。このようないろいろな出会いは、この仕事の醍醐味ではないでしょうか。そういう方々に、少しでも楽しく、有意義なひとときを過ごしていただきたいと思っています。

この道をずっと歩もうと考えるようになったのは三十歳代半ばですが、その後も、試行錯誤を繰り返し、そのうち自分なりのやり方で、自分なりのお店でやっていけばよいのだと考えるようになりました。そして、そのようにしても続けられることが確認でき、自分のやり方にどうにか自信が持てるようになってきました。

その後、スタッフ、女性たちにも恵まれ、「クラブ麻衣子」はより力強く成長し、より広くお客さまの支持を得、ここ四、五年、やっと理想に近い店づくりができているのかなと思えてきました。

そのように恵まれた環境に身を置く幸せを感じたとき、すばらしいお客さまたちが愛してくださるこの世界を守り、次の若い世代につなげていかなければいけないと、新たな使命感のような感情が芽生えました。ともすると、虚飾の世界と受け止められる中で生きる私たちですが、一所懸命、誠実に銀座を愛し、お客さまを愛し、働く場所を愛していけば、素敵なお客さま方に出会え、認めていただける——そのような希望が持てる仕事であることを伝えたいと思ったのです。

そのようにして銀座の社交界の独特の文化を次の世代につなぐことができたら——それが今の私の願いです。